Der Wirtschaftsprüfer

Erstes Heft

Der Beruf des Wirtschaftsprüfers

Ausbildungs- und Organisationsgrundsätze

Von

Dr. Otto Frielinghaus
Ministerialrat

Zweite
vermehrte und verbesserte Auflage

Springer-Verlag Berlin Heidelberg GmbH

1932

ISBN 978-3-662-38780-1 ISBN 978-3-662-39678-0 (eBook)
DOI 10.1007/978-3-662-39678-0

Vorwort zur ersten Auflage.

Der neu zu schaffende Stand der Wirtschaftsprüfer ist im Aufbau begriffen. Dabei waren und sind noch manche Schwierigkeiten zu überwinden. Die Tatsache, daß nicht ein Gesetz den neuen Beruf schaffen, sondern im Zusammenwirken zwischen Staat, Wirtschaft, Wissenschaft und den zur Wirtschaftsprüfung berufenen Personen zunächst die Grundlage gefunden werden muß, auf der sich vielleicht einmal eine gesetzliche Regelung aufbauen kann, läßt die Teilnahme der breiten Öffentlichkeit an der Problemgestaltung wünschenswert erscheinen. Deshalb werden hier zunächst die Grundgedanken der Organisation mitgeteilt. Weitere Arbeiten über die Ausgestaltung der Organisation und das Wesen der Wirtschaftsprüfung in seiner wissenschaftlichen und praktischen Entwicklung sollen folgen.

Dem vorliegenden Bändchen sind im Anhang einmal die „Grundsätze" beigefügt, die zwischen den Ländern über die Bestellung der öffentlichen Wirtschaftsprüfer unter Vermittlung des Reichs vereinbart werden; ferner Entwürfe über die Organisationseinrichtungen, wie sie in gemeinsamer Arbeit der Wirtschaft, der Wissenschaft und der zur Wirtschaftsprüfung Berufenen ausgearbeitet und durch die „Grundsätze" der Länder ergänzt bzw. abgeändert sind. Da sie seitens der erst noch zu schaffenden „Hauptstelle beim Deutschen Industrie- und Handelstag" bisher nicht angenommen werden konnten, dürften sie lediglich als Entwürfe Geltung beanspruchen. Sie tragen aber so wesentlich zur Klärung der Organisationsfragen bei, daß auf ihren Abdruck hier nicht verzichtet werden konnte.

Berlin, Mai 1931.

Der Verfasser.

Vorwort zur zweiten Auflage.

Seit Abfassung der ersten Auflage sind fast 200 Wirtschaftsprüfer in Deutschland bestellt. Die Pflichtrevision, die nicht nur für Aktiengesellschaften und Kommanditgesellschaften auf Aktien, sondern auch für Versicherungsgesellschaften und Bausparkassen sowie für alle öffentlichen Betriebe inzwischen eingeführt ist, sichert ihnen eine weitgehende Betätigungsmöglichkeit und macht sie zu einem wichtigen Glied in unserem Wirtschaftsleben. Darüber hinaus beeinflußt die Wirtschaftsprüfung aber auch die Wirtschaftsführung in der Richtung der Ausnutzung aller Kenntnisse einer vertieften und der Wirtschaftsnot angepaßten Betriebswirtschaftslehre; sie äußert ferner Wirkungen auf die Lehrpläne unserer Hochschulen, die nicht nur bemüht sind, einen geeigneten Nachwuchs von

Wirtschaftsprüfern heranzubilden, sondern auch geneigt sind, die durch die Wirtschaftsprüfung gewonnenen Erkenntnisse allen denen zu übermitteln, die in leitenden Stellungen der Wirtschaft zukünftig tätig sein wollen. Inzwischen haben sich ferner die Grundsätze und Richtlinien in der Wirtschaftsprüfungsorganisation durch die schrittweise vorschreitende Verwaltungspraxis vertieft und befestigt, so daß die Umrisse des Berufs des Wirtschaftsprüfers klarer erkennbar sind. Die zweite Auflage dieser Schrift versucht, der Entwicklung Rechnung zu tragen und insbesondere durch eine Kommentierung der in der Länderkonferenz und der Hauptstelle für Wirtschaftsprüfer beim Deutschen Industrie- und Handelstag festgelegten Grundsätze und Richtlinien über den neuesten Stand der Organisation zu unterrichten.

Berlin, Februar 1932.

Der Verfasser.

Inhaltsverzeichnis.

A. Allgemeiner Teil.

B. Besonderer Teil.

A. Allgemeiner Teil.

1. Einleitung.

Schon vor der Schaffung des neuen Standes der Wirtschaftsprüfer gab es in Deutschland eine Anzahl von Treuhand- und Revisionsgesellschaften, von Bücherrevisoren und Wirtschaftssachverständigen, die der Wirtschaft in bester Weise gedient haben. Auch fand unter den Bücherrevisoren eine gewisse Auslese dadurch statt, daß, gestützt auf § 36 der Reichsgewerbeordnung und § 42 des preuß. Handelskammergesetzes von den Industrie- und Handelskammern gewisse Personen als Bücherrevisoren öffentlich bestellt und beeidigt wurden. Damit ist zwar eine Unterscheidung zwischen beeidigten und unbeeidigten Bücherrevisoren herbeigeführt worden. Es sind aber auch unter den beeidigten Bücherrevisoren — wenigstens in manchen Kammerbezirken — Personen aufgenommen worden, deren fachliche Qualität immerhin angezweifelt werden kann. Umgekehrt haben sich manche Bücherrevisoren nicht zur Beeidigung und öffentlichen Bestellung gemeldet, weil diese Bestellung nur für den Kammerbezirk erfolgte und sie infolge ihres Berufes eine weit darüber hinausgehende Tätigkeit entfalteten, die ihnen ihre Abstempelung durch eine Industrie- und Handelskammer nicht mehr erforderlich erscheinen ließ. Bücherrevisoren

Im Gegensatz zu den Bücherrevisoren fand unter den Wirtschaftssachverständigen, wenn man von der Bestellung von Sachverständigen durch die Gerichte absieht, überhaupt keine Auslese statt, und auch die Revisions- und Treuhandgesellschaften entbehrten irgend welcher Kontrolle. Deshalb versuchten manche nicht durchaus einwandfreie Personen unter dem Deckmantel einer Revisions- und Treuhandgesellschaft ihre oft nicht sauberen Geschäfte zu treiben, so daß auch die Vereinigung der Treuhand-Gesellschaften ein staatliches Eingreifen für erforderlich hielt. Der Ruf der vorzüglich arbeitenden Gesellschaften, deren Zahl allerdings nicht groß war, geriet in die Gefahr, unter der Betätigung der übergroßen Zahl von untüchtigen, ja zweifelhaften Gesellschaften zu leiden. Zudem sind manche Treuhand- und Revisionsgesellschaften über ihren eigentlichen Aufgabenkreis hinausgegangen und haben eine Geschäftstätigkeit auf fast allen Gebieten der kaufmännischen, technischen und juristischen Betätigung entfaltet, was ihre Zuverlässigkeit auf dem Revisionsgebiete nicht gerade erhöht hat. Daß diese zugleich Treuhandgeschäfte ausübten, die bisher vorwiegend eine Angelegenheit der Rechtsanwälte und Notare waren, hat Treuhandgesellschaften dagegen nicht selten ihr Ansehen in den Augen eines Publikums erhöht, das mit dieser Betätigung einen besonderen Grad der Zuverlässigkeit verband.

Wir hätten vielleicht in Deutschland diese Dinge sich in ihren verschiedenen Richtungen ruhig weiter entwickeln lassen können, wenn nicht die Ausländer uns bei der wirtschaftlichen Berührung mit ihnen sehr oft zu verstehen gegeben hätten, daß sie die Gutachten der deutschen Wirtschaftsrevisoren deshalb nicht anerkennen könnten, weil es sich hier nicht wie bei ihnen um einen vorbildlichen und im Wirtschaftsleben ganz unentbehrlichen Stand handele. Die „chartered accountants" haben in der Tat sowohl in England wie in Holland und Amerika Vorzügliches geleistet. Einzelne ihrer Gesellschaften haben sich auch in Deutschland niedergelassen und hier ein erhebliches Feld der Betätigung gefunden. Von amerikanischen oder englischen Geldgebern ist wohl keine Anleihe oder keine Beteiligung an deutschen Werken zugesagt worden, ohne daß sie vorher eine eingehende Durchprüfung dieser Werke durch ihre eigenen Wirtschaftsprüfer vorgenommen hätten. Darunter hat unser Ansehen nicht unerheblich gelitten. Für unsere Wirtschaftskreise war es jedenfalls eine Demütigung, wenn die von ihnen vorgeschlagenen deutschen Treuhandgesellschaften abgelehnt wurden, obwohl unter ihnen solche sind, die seitens Reich, Staat und Kommunen zur Revision der öffentlichen Betriebe hinzugezogen werden.

Beurteilung des Auslandes

Hier mußte Wandel geschaffen werden. Die in dieser Richtung von den Berufsorganisationen in den letzten Jahren wiederholt vorgenommenen Anläufe führten nicht zum Ziele. Der Staat mußte deshalb helfend eingreifen. Der Preußische Handelsminister wies zuerst darauf hin, daß Zustände, wie sie sich zum Schaden Deutschlands bei den kommunalen Betrieben in Berlin und bei der Allgemeinen Versicherungs-Gesellschaft in Frankfurt am Main entwickeln konnten, bei einer rechtzeitigen Wirtschaftsprüfung vermieden worden wären. Er schlug deshalb ein gemeinsames Vorgehen des Staats mit den Vertretungen der Wirtschaft und den Organisationen des Berufs vor. Hierbei zeigte es sich, daß es nicht genüge, eine gesetzliche Revisionspflicht einzuführen, sondern daß zunächst erst der Stand der Wirtschaftsprüfer geschaffen werden mußte. Dieser Stand mußte als ein freier Berufsstand geschaffen werden, der seine Tätigkeit wohl in gewerblicher Form — offene Handelsgesellschaft, Gesellschaft mit beschränkter Haftung, Aktiengesellschaft — ausüben kann, der aber im übrigen nach den Grundsätzen eines freien Berufes gestaltet ist. Deshalb wurde für den Wirtschaftsprüfer Zulassung, Prüfung und amtliche Bestellung, letztere auf Widerruf, eingeführt und ihm die Führung eines Siegels bewilligt. Deshalb soll der Wirtschaftsprüfer in seiner Berufsbezeichnung gesetzlich geschützt und in dem „Institut der Wirtschaftsprüfer" mit seinen Fachgenossen zusammengeschlossen werden, damit

Neuer Stand

der Stand Ehrengerichte und andere Einrichtungen schaffen kann, die die freien Berufe kennzeichnen.

Dieser Stand ist im Aufbau begriffen, wie folgende Statistik vom 1. März 1932 ergibt: allein bei der Zulassungs- und Prüfungsstelle **Berlin** sind bisher 930 Anträge auf Bestellung zum Wirtschaftsprüfer eingegangen.

Davon wurden zurückgezogen bzw. nicht aufrecht erhalten:		177
Im Zulassungsausschuß sind abgelehnt:		57
Zur vollen Prüfung sind zugelassen (Ergebnisse liegen noch nicht vor)		55
Zulassung zu 2 Klausuren und mündlicher Prüfung		38
Hiervon bestanden	6	
nicht bestanden	4	
noch nicht abgeschlossen	28	
Zulassung nur zur mündlichen Prüfung		80
Hiervon bestanden	45	
nicht bestanden	10	
noch nicht abgeschlossen	25	
Nach vereinfachter mündlicher Prüfung wurden bestellt		27
Ohne Prüfung wurden bestellt		2
Bestellt und vereidigt, bzw. zur Bestellung vorgeschlagen		75
Bei der Zulassungs- und Prüfungsstelle gingen ferner ein: Anträge von Gesellschaften		29
Abschließend zur Eintragung zugelassen		14
abgelehnt		2

In **Preußen** sind bisher folgende Bestellungen durch die einzelnen Zulassungs- und Prüfungsstellen erfolgt.

	Anzahl	mit erleichterter mündlicher Prüfung	mit mündlicher Prüfung	Klausurarbeiten und mündliche Prüfung
Berlin	75	25	44	6
Königsberg i. Pr.	2	2	—	—
Breslau	8	—	8	—
Frankfurt a. M.	24	—	24	—
Münster	15	—	15	—
Köln	8	—	8	—
Hamburg (für Preußen)	1	1	—	—
	133	28	99	6

Zu den 133 Bestellten treten noch 50 aus den übrigen deutschen Ländern, so daß im ganzen 183 Bestellungen vorliegen[1].

[1] Am 20. März 1932 war die Zahl schon auf 231 gestiegen, davon 163 in Preußen.

2. Gesetzeslage.

a) Wirtschaftsprüfung.

Nach § 36 der GO. darf das Gewerbe der „Feldmesser, Auktionatoren, Bücherrevisoren und derjenigen, welche den Feingehalt edler Metalle oder die Beschaffenheit, Menge oder Verpackung von Waren irgendeiner Art feststellen, der Güterbestätiger, Schaffer, Wäger, Messer, Bracker, Schauer, Stauer usw. zwar frei betrieben werden, es bleiben jedoch die nach Landesrecht dazu befugten Staats- oder Kommunalbehörden oder Korporationen berechtigt, Personen, welche diese Gewerbe betreiben wollen, auf die Beobachtung der bestehenden Vorschriften zu beeidigen und öffentlich anzustellen." Ursprünglich hieß es die „verfassungsmäßig" dazu befugten Staats- oder Kommunalbehörden oder Korporationen. Da aber weder die Reichs- noch die Landes- noch die Kommunalverfassungen etwas darüber enthalten, wer in diesem Falle „befugt" ist und kein Zweifel darüber bleiben sollte, daß die Zuständigkeit der Länder, nicht die des Reiches gegeben sei, so hat die Verordnung des Reichspräsidenten vom 5. VI. 1931 (RGBl. I, S. 279/313, Kap. VI) das Wort „verfassungsmäßig" sowohl in Absatz 1 wie in Ab. 2 des § 36 GO. durch „nach Landesrecht" ersetzt. Nach preußischem Landesrecht (vgl. N. 51 AusfAnw. zur Gew.-Ordnung) ist für die Bestellung der Feldmesser der Finanzminister, für alle übrigen in § 36 genannten Personen der Minister für Handel und Gewerbe zuständig. Letzterer hat seine Befugnis bezüglich der Auktionatoren an die Regierungspräsidenten (Polizeibehörden) delegiert, den Kommunalbehörden aber nur da solche Befugnisse gelassen, wo sie sie, wie in Hannover, schon vor dem Übergang auf Preußen ausgeübt hatten. Außerdem ist auf Veranlassung des preußischen Handelsministers durch § 42 des preußischen Handelskammergesetzes den Industrie- und Handelskammern die Befugnis zugesprochen, „Dispacheure und solche Gewerbetreibende der in § 36 der Reichsgewerbeordnung bezeichneten Art, deren Tätigkeit in das Gebiet des Handels fällt, öffentlich anzustellen und zu beeidigen. Auf Auktionatoren findet diese Bestimmung keine Anwendung. Vorschriften, die die Handelskammer für die hiernach angestellten Personen erläßt, sind dem Minister für Handel und Gewerbe vorzulegen." In etwas einschränkenderer Weise sagt § 103e letzter Absatz der Gewerbeordnung, also eines Reichsgesetzes, für die Handwerkskammern — eingefügt durch die Novelle vom 11. XI. 1929 — folgendes: „Die Handwerkskammer ist ferner befugt, Sachverständige zur Erstattung von Gutachten über die Güte der von Handwerkern gelieferten Waren und bewirkten Leistungen und über die Angemessenheit der von ihnen dafür geforderten Preise zu beeidigen und öffentlich anzustellen; Vorschriften, welche die Handwerkskammer für die hiernach angestellten Personen erläßt, bedürfen der Genehmigung der Landeszentralbehörde." Eine ähnliche Bestimmung weist

Gewerbeordnung und Handelskammergesetz

schließlich die noch nicht verabschiedete Novelle zum Preußischen Landwirtschaftskammergesetz auf.

Man kann nicht behaupten, daß die gesetzliche Grundlage für die Schaffung eines Standes der Wirtschaftsprüfer sehr klar ist. Reichsrecht und Landesrecht gehen durcheinander. Aber der entscheidende § 36 der GO. stellt jetzt die Befugnis der Länder auf diesem Gebiete einwandfrei fest. Kein Zweifel konnte ferner darüber bestehen, daß § 36, der in einer Zeit entstanden ist, als das Problem der Wirtschaftsprüfung noch in den Kinderschuhen steckte, in doppelter Hinsicht dem augenblicklichen Bedürfnis nicht gerecht wurde. Einmal konnten danach nur selbständige Gewerbetreibende zu Wirtschaftsprüfern bestellt werden, woraus sich rechtliche Zweifel darüber ergaben, ob die leitenden Personen der Wirtschaftsprüfergesellschaften bestellt werden konnten; ferner sprach § 36 nur von Bücherrevisoren, während der neue Stand der Wirtschaftsprüfer über den Stand der Bücherrevisoren hinaus wachsen soll. Auf preußischen Vorschlag ist deshalb durch die gen. Notverordnung ein Absatz 3 mit folgendem Inhalt in § 36 eingefügt worden: „Die Reichsregierung ist ermächtigt, mit Zustimmung des Reichsrats zu bestimmen, daß auch Personen, die andere als die in Abs. 1 genannten Gewerbe betreiben, oder die nicht selbständige Gewerbetreibende sind, durch die nach Landesrecht dazu befugten Staats- oder Kommunalbehörden oder Korporationen beeidigt und öffentlich angestellt werden können." Von dieser Ermächtigung hat die Reichsregierung in der Verordnung vom 21. X. 1931 (RGBl. I S. 658) Gebrauch gemacht, wo es heißt: „Die nach Landesrecht zuständigen Behörden oder Körperschaften des öffentlichen Rechts sind befugt, Wirtschaftsprüfer zu beeidigen und öffentlich anzustellen. Als Wirtschaftsprüfer können auch solche Personen beeidigt und öffentlich angestellt werden, die den Beruf nicht selbständig ausüben." Novelle zur Gewerbeordnung

Es ist geltend gemacht worden, daß durch die Ersetzung des Wortes „verfassungsmäßig" durch „nach Landesrecht" in § 36 Abs. 1 u. 2 GO. in Preußen eine ausschließliche Zuständigkeit der Industrie- und Handelskammern zur Bestellung der in § 36 genannten Personen, also auch der in Abs. 3 genannten Wirtschaftsprüfer, begründet sei, und daß deshalb der Minister für Handel und Gewerbe nicht zur Bestellung von Wirtschaftsprüfern befugt sei. Dies hat weder in der Absicht der Verordnung vom 5. Juni 1931 gelegen[1], die auf eine Anregung des Handelsministers zurückgeht, noch ist eine solche Auffassung nach der Entstehungsgeschichte des § 36 GO. und des § 42 Handelskammergesetzes begründet. Die Ver- Landesregierung

[1] Durch die 2. Verordnung des Reichspräsidenten vom 5. VI. 1931 (RGBl. I, S. 313, Kap. V Art. 2) wird auch § 64 des Gesetzes über die Erwerbs- und Wirtschaftsgenossenschaften dahin geändert, daß die Reichsregierung ermächtigt ist, allgemeine Anordnungen über den Inhalt der Revisionsberichte und über die an die Revisoren zu stellenden Anforderungen zu erlassen.

ordnung hat lediglich die Zuständigkeit der Länder klarstellen, nicht aber die Zuständigkeit innerhalb der Länder abändern wollen, wozu das Reichsrecht auch gar nicht in der Lage war. Überdies spricht Abs. 3 ausdrücklich von den „zuständigen Behörden oder Körperschaften", so daß die Zuständigkeit der preußischen Staatsbehörden (Finanz- und Handelsminister, sowie Polizeibehörden) und auch die der Kommunalbehörden in keiner Weise berührt wird. Etwas anderes kann auch nicht aus der Ländervereinbarung (s. unten B. I unter II) geschlossen werden, wo „den Landesregierungen oder den von ihnen damit beauftragten Stellen" die Bestellung vorbehalten wird. Denn die Minister sind die nach der Landesverfassung ganz allgemein beauftragten Stellen, so daß es nicht etwa in Preußen noch einer besonderen Ermächtigung des Handelsministers durch das Staatsministerium bedurfte. Bei einer Neufassung des § 42 Handelskammergesetzes empfiehlt es sich, ihn wie bisher auf § 36 Abs. 1 u. 2 GO. zu beschränken, damit jedes Mißverständnis aufhört.

Im Verfolg der den Handelskammern durch § 42 erteilten Befugnis beteiligt der Handelsminister die Kammern schon jetzt bei der Ernennung von Wirtschaftsprüfern dadurch, daß er sich selbst zwar die Bestellung vorbehält, die Aushändigung der Bestallungsurkunde und die Beeidigung aber den für den Wohnsitz des Wirtschaftsprüfers zuständigen Industrie- und Handelskammern überläßt. Gerade der Zusammenhang, der zwischen § 36 GO. und § 42 des Handelskammergesetzes besteht, hat ihn veranlaßt, die Beeidigung der Wirtschaftsprüfer nicht dem Regierungspräsidenten zu übertragen, obwohl dessen Vertreter als Staatskommissar in der Zulassungs- und Prüfungsstelle mitwirkt, sondern den Industrie- und Handelskammern. Bei Wirtschaftsprüfern, deren Tätigkeit in das Gebiet der Landwirtschaft oder des Handwerks fällt, wird die Beeidigung durch die Landwirtschafts- und Handelskammern erfolgen, obwohl die Zuständigkeit der letzteren nach Reichsrecht und eine gesetzliche Zuständigkeit der Landwirtschaftskammern überhaupt nicht begründet ist. Die Beeidigung erfolgt eben im Auftrage der zuständigen Staatsbehörden d. h. des Landwirtschafts- und Handelsministers, und sie unterscheidet sich in keiner Weise von der Beeidigung durch die Industrie- und Handelskammern, die bei der Beeidigung der Wirtschaftsprüfer auf Grund eines Auftrages des Handelsministers, ihrer Aufsichtsbehörde, handeln, im übrigen aber die Beeidigungen auf Grund des § 42, also auf Grund einer gesetzlichen Delegationsbefugnis, vornehmen.

b) Pflichtrevision.

Während die Wirtschaftsprüfung in § 36 GO. nur eine gesetzliche Grundlage findet, im übrigen aber durch eine Vereinbarung unter den Ländern (s. B. I), also verwaltungsmäßig, geregelt ist, beruht die Pflichtrevision durchweg auf Reichsgesetz. Durch Notverordnung vom 21. IX. 1931

(RGBl. I S. 493) ist die sog. kleine Aktienrechtsreform geregelt, die die Pflichtrevision für Aktiengesellschaften, und Kommanditgesellschaften auf Aktien bringt. Für die Pflichtrevision hat die erste Durchführungsverordnung zur kleinen Aktienrechtsreform vom 15. XII. 31 (Reichsanzeiger S. 295 v. 18. XII. 31) inhaltlich folgendes bestimmt. Die Vorschriften der kleinen Aktienrechtsreform treten zugleich mit der Durchführungsverordnung, also am 18. XII. 1931, in Kraft. Die Vorschriften der neuen §§ 260a, 260b HGB. sind erstmalig für das Geschäftsjahr anzuwenden, das nach dem 31. XII. 1930 begonnen hat; das gleiche gilt für die §§ 260, 261 HGB., die Vorschriften der §§ 261a bis c HGB. sind erstmalig für das Geschäftsjahr anzuwenden, das nach dem 30. IX. 1931 begonnen hat, ebenso die die Pflichtrevision behandelnden Vorschriften des Art. VI der Verordnung vom 19. IX. 1931 und § 266 Abs. 1 Satz 1 HGB. Für Aktiengesellschaften und Kommanditgesellschaften auf Aktien, die in der Jahresbilanz für das genannte Geschäftsjahr ein Grundkapital von 3 Mill. RM. oder weniger aufweisen, soll die Pflichtrevision erst später vorgeschrieben werden. Durchführungsverordnung

Im Einzelnen trifft die Verordnung vom 19. IX. 1931 noch folgende in diesem Zusammenhang interessierende Bestimmungen. „Der Jahresabschluß der Gesellschaft ist unter Einbeziehung der zugrunde liegenden Buchführung und des Geschäftsberichts durch einen oder mehrere sachverständige Prüfer (Bilanzprüfer) zu prüfen, bevor der Jahresabschluß der Generalversammlung zur Beschlußfassung vorgelegt wird.“ Ferner: „Die Bilanzprüfung darf sich nicht darauf beschränken, ob der Jahresabschluß äußerlich sachgemäß aufgestellt ist und mit der Inventur und den Geschäftsbüchern übereinstimmt, sondern hat sich auch auf die Anwendung der Vorschriften der §§ 260, 260a und b, § 261, §§ 261a bis b, § 262 zu erstrecken (§ 262a HGB.).“ Kleine Aktienrechtsreform

In den angezogenen §§ wird zum Ausdruck gebracht, daß der Jahresabschluß so klar und übersichtlich aufgestellt sein muß, daß die Beteiligten einen möglichst sicheren Einblick in die Lage der Gesellschaft erhalten; ferner werden für den Ansatz der einzelnen Posten der Jahresbilanz ganz eingehende Vorschriften aufgestellt; auch für die Gewinn- und Verlustrechnung werden Vorschriften gegeben, die eine gesonderte Ausweisung einer ganzen Reihe von Posten bestimmen. In § 261a wird die Reichsregierung ermächtigt, für die Aufstellung des Jahresabschlusses Formblätter vorzuschreiben und für Gesellschaften, deren Verhältnisse durch die Beziehungen zu einem oder mehreren anderen Unternehmen maßgebend beeinflußt werden, Vorschriften über den eigenen Jahresabschluß und die Aufstellung eines gemeinschaftlichen Jahresabschlusses zu erlassen.

Nach § 262b HGB. sollen die Bilanzprüfer von der Generalversammlung für jedes Geschäftsjahr im voraus gewählt werden; doch hat der

Vorstand den gewählten Bilanzprüfern den Prüfungsauftrag zu erteilen. Der Vorstand, der Aufsichtsrat oder eine Minderheit, deren Anteile den 10. Teil des Grundkapitals erreichen, sind berechtigt, im Interesse der Gesellschaft gegen die Auswahl des Bilanzprüfers Widerspruch zu erheben. Über den Widerspruch entscheidet das Gericht. Besondere Bedeutung für unsere Frage hat § 262 c HGB., der sagt: „Als Bilanzprüfer sollen nur gewählt oder bestellt werden

1. Personen, die in der Buchführung ausreichend vorgebildet und erfahren sind;

2. Prüfungsgesellschaften, von deren Inhabern, Vorstandsmitgliedern oder Geschäftsführern mindestens einer die in Nr. 1 bezeichneten Eigenschaften besitzt.

Prüfer, auf deren Geschäftsführung die zu prüfende Gesellschaft maßgebenden Einfluß hat, dürfen als Bilanzprüfer weder gewählt noch bestellt werden. Vorstands- und Aufsichtsratsmitglieder und Angestellte der Gesellschaft können nicht als Bilanzprüfer gewählt oder bestellt werden."

Hierzu sagt Art. 5 der Durchführungsverordnung vom 15. XII. folgendes:

„Die Befähigung zur Ausübung der Tätigkeit als Bilanzprüfer haben nur

1. Personen, die auf Grund der in der Anlage beigefügten Ländervereinbarung als Wirtschaftsprüfer öffentlich bestellt sind,

2. Prüfungsgesellschaften, die in eine von der Hauptstelle für die öffentlich bestellten Wirtschaftsprüfer zu führende Liste der die Wirtschaftsprüfertätigkeit ausübenden Gesellschaften eingetragen sind."

Hiermit ist das Bindeglied zwischen Wirtschaftsprüfern und Bilanzprüfern geschaffen. Es kann Bilanzprüfer nur ein Wirtschaftsprüfer (Prüfungsgesellschaft) sein und es ist mit Schmölder (in „Der Wirtschaftsprüfer" Heft 1, S. 3) anzunehmen, daß die Anfechtung eines Wahlbeschlusses der Generalversammlung mit der Begründung, daß der gewählte Prüfer ungeeignet sei, immer dann ausgeschlossen ist, wenn ein öffentlich bestellter Wirtschaftsprüfer gewählt worden ist. Der Wirtschaftsprüfer muß deshalb alle Voraussetzungen erfüllen, die für den Bilanzprüfer gelten. Ja er soll die Grundsätze, die für die Aktiengesellschaften gegeben sind, auch dann anwenden, wenn er Unternehmungen prüft, die nicht der Pflichtrevision unterliegen (offene Handelsgesellschaften, Einzelfirmen, G. m. b. H.'s). Er darf sich insbesondere nicht auf die formale Revision beschränken, sondern muß in die materielle Prüfung des Unternehmens auch dann eintreten (§ 262a Abs. 2 HGB.), wenn sein Auftraggeber ihn auf die formale Revision beschränken will, weil anderenfalls der Prüfungsvermerk des Wirtschaftsprüfers bei dritten Personen zu Irrtümern Anlaß geben könnte. Den Bestätigungsvermerk, wie er durch § 262f HGB.

für die Bilanzprüfer vorgeschrieben ist, soll der Wirtschaftsprüfer auch in seiner obigen Betätigung nach Möglichkeit anwenden. Dieser Bestätigungsvermerk sollte von dem Wirtschaftsprüfer allein, nicht zugleich von dem mitwirkenden Angestellten unterschrieben werden, der nach § 262g Abs. 1 eine selbständige Pflicht zu gewissenhafter und unparteilicher Prüfung hat; durch die Mitunterzeichnung könnte das Verantwortungsgefühl des Wirtschaftsprüfers beeinträchtigt werden. Daß der Wirtschaftsprüfer ebenso wie der Bilanzprüfer zur unparteiischen Prüfung und zur Verschwiegenheit verpflichtet ist, ergibt sich schon aus dem von ihm abzuleistenden Eide. Die durch § 262g HGB. für den Bilanzprüfer statuierte Schadensersatzpflicht und die Strafvorschrift des § 318a HGB. beziehen sich nur auf Aktiengesellschaften, Versicherungsgesellschaften und Bausparkassen und finden deshalb für den Wirtschaftsprüfer nicht allgemein Anwendung. Ergänzend treten für ihn die allgemeinen Vorschriften des BGB. und des Reichsstrafgesetzbuchs ein.

Ganz ähnliche Bestimmungen enthält das Gesetz zur Änderung des Gesetzes über die privaten Versicherungsunternehmungen vom 30. III 1931 (RGBl. I S. 102), in der Fassung des Gesetzes vom 6. VI. 31. (RGBl. I S. 315) nur mit dem Unterschied, daß der Bilanzprüfer der Aktienrechtsnovelle hier einfach „Prüfer" heißt. Der für unsere Frage entscheidende § 59 lautet: „Als Prüfer sollen nur bestimmt werden:

1. Personen, die in der Buchprüfung ausreichend vorgebildet und erfahren sind; Versicherungsgesetz

2. Prüfungsgesellschaften, deren Inhaber, Vorstandsmitglieder oder Geschäftsführer die in Nr. 1 bezeichneten Eigenschaften besitzen.

Prüfer, auf deren Geschäftsführung Mitglieder des Vorstandes der Versicherungsunternehmungen maßgebenden Einfluß haben, sollen nicht bestimmt werden. Mitglieder des Vorstandes oder des Aufsichtsrats sowie Angestellte der Versicherungsunternehmungen können als Prüfer nicht bestimmt werden. Die Bestimmung von Personen, die als Prüfer der Versicherungsunternehmungen vom Aufsichtsrat bestellt werden und nur seinen Weisungen, nicht aber denen des Vorstandes unterworfen sind, ist zulässig."

Auch hier wird die Bestimmung im Gesetze vermißt, daß als Prüfer nur ein öffentlich bestellter Wirtschaftsprüfer gewählt werden kann. Doch soll eine solche Vorschrift in den Durchführungsbestimmungen nach etwa einjähriger Probezeit erfolgen.

Für die neue Regelung des Wirtschaftsprüferwesens haben die Verhältnisse in den kommunalen Wirtschaftsbetrieben mit Veranlassung gegeben. Es wurde deshalb in dem preußischen Gesetzentwurf für Groß-Berlin eine Bestimmung aufgenommen, wonach die kommunalen Betriebe der Stadt Berlin von einer außerhalb der Stadt stehenden Stelle regelmäßig zu prüfen seien. Leider fiel diese Bestimmung bei dem verkürzten Kommunale Wirtschaftsprüfung

Gesetzentwurf für Groß-Berlin, der schließlich nach langen parlamentarischen Kämpfen verabschiedet wurde, unter den Tisch.

Inzwischen hatte auch der Reichsfinanzminister auf die Notwendigkeit der kommunalen Revisionen hingewiesen und in Aussicht gestellt, daß eine reichsgesetzliche Regelung erfolgen würde, wenn nicht die Kommunen selbst die nötigen Maßnahmen bis zum 31. III. 1931 träfen. Unter diesem Druck haben der Deutsche Städtetag und der Reichsstädtebund die Gesellschaft „Wirtschaftsberatung deutscher Städte, Versorgungs- und Verkehrsunternehmungen A. G." gegründet, die nach ihren Erklärungen in der Öffentlichkeit keine unmittelbare oder mittelbare Ausdehnung des Kreises der wirtschaftlichen Betätigung der Gemeinden beabsichtigt, sondern vielmehr jede, der Förderung der kommunalen Wirtschaft dienende Betätigung, insbesondere die Beratung kommunaler Verwaltungen, Unternehmungen und Betriebe pflegen will, gleichgültig, ob sie in unmittelbarer oder in mittelbarer Beziehung zu Kommunalverwaltungen stehen. Sie will nebenher auch Aufträge zu betriebswirtschaftlichen und technischen Revisionen kommunaler und anderer Unternehmungen und Betriebe jeglicher Art übernehmen.

Die Reichsregierung hat jedoch diese Regelung, die sich auf die größeren Städte beschränkt, offenbar nicht für genügend erachtet. Denn durch die Notverordnung vom 6. X. 1931 (RGBl. I S. 562) ist die Pflichtrevision für alle Wirtschaftsbetriebe der öffentlichen Hand vorgeschrieben; nur die Reichsbank, die Golddiskontbank und die Reichsbahn-Gesellschaft sind ausgenommen. Dort heißt es:

„Zur Feststellung der wirtschaftlichen Verhältnisse ist der Jahresabschluß

der von Körperschaften des öffentlichen Rechts unterhaltenen Betriebe,

der Betriebe mit eigener Persönlichkeit des öffentlichen Rechtes,

der Unternehmungen, deren Erträgnisse ausschließlich oder überwiegend Körperschaften des öffentlichen Rechtes zufließen, mit Ausnahme der Aktiengesellschaften,

unter Einbeziehung der zugrunde liegenden Buchführung nach Ablauf eines jeden Haushalts- oder Geschäftsjahres durch einen oder mehrere sachverständige Prüfer (Bilanzprüfer) zu prüfen."

Die Durchführungsbestimmungen, die der Zustimmung des Reichsrats bedürfen und die auch den Zeitpunkt des Inkrafttretens dieser Vorschriften bestimmen sollen, sind in Vorbereitung. Es muß erwartet werden, daß auch sie grundsätzlich den Wirtschaftsprüfern diese Pflichtrevisionen vorbehalten. Seitens des Deutschen Städtetags ist eine indirekte Anerkennung dieses Grundsatzes dadurch erfolgt, daß die leitenden Personen der „Wirtschaftsberatung deutscher Städte A. G." ihre Bestellung als Wirtschaftsprüfer nachgesucht und zum Teil schon erhalten haben. Aber manche Schwierigkeiten sind noch zu überwinden. Sie ergeben sich insbesondere aus der Verflechtung der öffentlichen Betriebe mit ihren Hoheitsverwaltungen und der Betriebsbilanzen mit den Haushalten der öffentlichen Hand. Der Wirtschaftsprüfer, der die öffentlichen Betriebe mit Erfolg prüfen will, muß deshalb in das Wesen der öffentlichen Verwaltung eindringen und ihre Sonderaufgabe berücksichtigen, und er muß neben der kaufmännischen die kameralistische Buchführung beherrschen; dann wird er, von der Erkenntnis ausgehend, daß öffentliche und private Betriebe Zweige an demselben Baum unserer Gesamtwirtschaft sind, viel zum gegenseitigen Verständnis, zur Abgrenzung und zur Entwicklung beider Wirtschaftszweige beitragen können. Freilich setzt die Erfüllung einer solch' hohen Aufgabe voraus, daß in den Organisationen der Wirtschaftsprüfung, insbesondere in der Hauptstelle, nicht nur Reich und Länder, sondern auch die Kommunen vertreten sind, damit bei der Auswahl der Wirtschaftsprüfer und der Aufstellung der Richtlinien für ihre Betätigung die Interessen der öffentlichen Hand genügend gewahrt werden können. Auf der anderen Seite wird zu erwägen sein, ob bei der Auftragserteilung an den einzelnen Wirtschaftsprüfer die Aufsichtsbehörde einzuschalten ist. Bei den Kommunen liegen die Verhältnisse anders, wie bei der Aktiengesellschaft, wo die Generalversammlung die Bilanzprüfer auswählt. Ein Zusammenwirken von Stadtverwaltung und Aufsichtsbehörde dürfte schon deshalb am Platze sein, weil die Kontrolle der öffentlichen Betriebe von der der Regiebetriebe, ja der gesamten Haushaltsgebahrung der Kommune nicht zu trennen ist.

Die Pflichtrevision besteht also für die Aktiengesellschaften und Kommanditgesellschaften auf Aktien, für Versicherungsgesellschaften und Bausparkassen und für alle auch nicht in diesen Formen betriebenen Regieunternehmungen der öffentlichen Hand. Auch für Hypothekenbanken ist durch die Länder im Aufsichtswege die Pflichtrevision weitgehend vorgeschrieben. Für Genossenschaften besteht schon eine gewinne Revisionspflicht, ohne daß sie sich jedoch mit den Formen und dem Wesen der modernen Wirtschaftsprüfung im Einklange befände; hier wird deshalb noch weiteres zu veranlassen sein (vgl. S. 5 Anm. 1). Ob für die übrigen Wirtschaftsunternehmungen, insbesondere die Gesellschaft mit beschränkter Haftung, die Pflichtrevision gesetzlich anzuordnen sei, ist eine offene Frage. Sie dürfte erst dann zu beantworten sein, wenn nicht nur die Wirtschaftsprüfung weiter vorgeschritten ist, sondern auch unser Wirtschaftsleben die augenblickliche schwere Krise überwunden hat. Denn die Wirtschaftsprüfung darf nicht auf Augenblicksverhältnisse zugeschnitten werden, sondern muß eine von dauernden Grundsätzen getragene Einrichtung sein, wenn sie unserem Wirtschaftsleben wirklich nützen soll.

Pflichtrevision

3. Zulassungs- und Prüfungsstellen.

Eine Aufgabe, wie die der Wirtschaftsprüfung, die in ganz Deutschland gleich liegt, kann nur nach einheitlichen Grundsätzen gelöst werden. Da die Länder für die Bestellung der Wirtschaftsprüfer nach § 36 GO. zuständig sind, war es deshalb notwendig, daß sie sich untereinander über die Art der Bestellung und Beeidigung der Wirtschaftsprüfer verständigten. Preußen hat hierzu den Anstoß gegeben und ist an die übrigen Länder wegen einer solchen Verständigung herangetreten. Da aber auch die Reichsregierung an ihr lebhaftes Interesse nahm, sind unter ihrer Vermittlung die unter B 1 abgedruckten „Grundsätze für die öffentlich bestellten Wirtschaftsprüfer" von den Ländern in gegenseitiger Vereinbarung festgelegt worden. Danach haben sich die Länder verpflichtet, durch ihre Regierungen oder die von ihnen damit beauftragten Stellen nur solche Personen zu öffentlich bestellten Wirtschaftsprüfern zu ernennen, die eine dieser Vereinbarung entsprechende Prüfung mit Erfolg abgelegt haben. Um eine gleichwertige, nach einheitlichen Gesichtspunkten stattfindende Zulassung und Prüfung in Deutschland sicherzustellen, soll die „Hauptstelle für die öffentlich bestellten Wirtschaftsprüfer" für die Durchführung der getroffenen Vereinbarung Grundsätze vorschlagen, die jedoch der Genehmigung der Länderkonferenz unterliegen. Diese Hauptstelle ist beim deutschen Industrie- und Handelstag gebildet worden. Sie setzt sich aus Vertretern der Spitzenverbände der beteiligten Wirtschaftskreise, der Berufsverbände des Revisions- und Treuhandwesens und der Zulassungs- und Prüfungsstellen, sowie Vertretern der Wissenschaft, insbesondere der Betriebswirtschaftslehre, zusammen. Reich und Landesregierungen können sich durch Beauftragte in der Hauptstelle vertreten lassen. Die Zahl der Beauftragten der Landesregierungen soll insgesamt nicht mehr als sechs betragen.

„Grundsätze" der Länder

Hauptstelle

Die Zulassungs- und Prüfungsstellen werden von den Landesregierungen im Benehmen mit der Hauptstelle und den beteiligten Industrie- und Handelskammern errichtet. Sie haben behördlichen Charakter, unterstehen derselben Aufsicht, wie die Industrie- und Handelskammern, sie können klagen und verklagt werden und werden hierbei von dem Vorsitzenden vertreten. Wenn in den Richtlinien der Hauptstelle dieser Charakter auch noch nicht klar herausgearbeitet ist, so dürfte unter den Ländern hierüber doch kaum ein Zweifel bestehen. In Preußen sind sechs solcher Stellen und zwar in Berlin, Frankfurt a. M., Köln, Königsberg, Breslau und Münster errichtet worden, in den übrigen Ländern ebenfalls sechs und zwar in Hamburg, Leipzig, München, Nürnberg, Stuttgart und Mannheim, so daß im ganzen zwölf vorhanden sind. Auch Bremen trägt sich mit dem Gedanken, eine Stelle zu errichten. Die Zulassungs- und Prüfungsstellen setzen sich aus Vertretern der Industrie- und Handels-

Zulassungs- und Prüfungsstellen

kammern, gegebenenfalls der Landwirtschafts- und Handelskammern, des Berufs der Wirtschaftsprüfer, sowie aus einem Beauftragten der Landesregierung zusammen. Sie sollen nach Maßgabe der Vorschläge der Hauptstelle einen Zulassungs- und einen oder mehrere Prüfungsausschüsse bilden.

In Preußen werden die Zulassungs- und Prüfungsstellen keine festbegrenzten Bezirke haben, doch bleibt es der Industrie- und Handelskammer am Ort der Zulassungsstelle überlassen, sich mit benachbarten Industrie- und Handelskammern wegen Bestellung von Vertretern der Wirtschaft für die Stelle in Verbindung zu setzen. Auch soll es derjenigen Industrie- und Handelskammer, die eine Person zur Bestellung als Wirtschaftsprüfer vorschlägt, überlassen bleiben, zu der Sitzung, in der über die Zulassung dieses Anwärters entschieden wird, dann einen Vertreter zu entsenden, wenn die Kammer nicht schon einen ständigen Sitz in der Zulassungs- und Prüfungsstelle hat. In Preußen ist ferner insofern eine Besonderheit vorgesehen, als in den Zulassungs- und Prüfungsstellen auch ein Vertreter des provinziellen Städtetages mitwirkt. Hierdurch soll die Zusammenarbeit mit dem kommunalen Prüfungswesen vorbereitet werden.

Beteiligung der benachbarten Industrie- u. Handelskammern

Meldungen für die Prüfung zum öffentlich bestellten Wirtschaftsprüfer sind durch die für den Wohnsitz des Anwärters zuständige Industrie- und Handelskammer an die zuständige Zulassungs- und Prüfungsstelle zu richten. Welche Zulassungsstelle zuständig ist, bestimmt die Landesregierung im Benehmen mit der Hauptstelle. In Preußen soll zunächst Freizügigkeit für die Anwärter bestehen. Jeder kann sich also bei einer der sechs errichteten Zulassungs- und Prüfungsstellen melden. Ob auch eine Meldung bei einer außerpreußischen Prüfungsstelle möglich ist, hängt von den Vereinbarungen unter den Ländern ab. Hierüber ist bisher noch nichts festgelegt, da über die Notwendigkeit der Freizügigkeit die Ansichten noch auseinandergehen. Die Dozenten der Betriebswirtschaftslehre haben sich z. B. gegen sie ausgesprochen. Darüber herrscht aber kein Zweifel, daß derjenige, der von einer Landesregierung oder von einer damit beauftragten Stelle zum Wirtschaftsprüfer bestellt ist, seine Tätigkeit in ganz Deutschland ausüben kann, und daß er hierin auch dann nicht beschränkt wird, wenn er von einem Lande in ein anderes verzieht.

Freizügigkeit

Ist sonach zwischen Freizügigkeit in der Bewerbung um den Wirtschaftsprüferberuf und Freizügigkeit in der Ausübung dieses Berufes vorläufig noch ein Unterschied zu machen, so dürfen doch der Freizügigkeit in der Bewerbung keine unnötige Schwierigkeiten bereitet werden. Wir haben leider keine Reichs-, sondern noch eine Landesstaatsangehörigkeit. Wie soll z. B. verfahren werden, wenn ein Deutscher mit bayrischer Staatsangehörigkeit seit langen Jahren in Berlin wohnt? Er muß bei der Industrie und Handelskammer Berlin seine Bewerbung einreichen, die ihn auf seinen Wunsch der Zulassungs- und Prüfungsstelle Berlin zuweist.

Letztere schlägt den Bewerber dem preußischen Handelsminister zur Bestellung vor, der ohne Rücksicht darauf, ob es sich um einen bayrischen Staatsangehörigen handelt, die Bestellung deshalb vornimmt, weil der Bewerber nicht nur seinen Wohnsitz, sondern auch seine Haupttätigkeit in Preußen ausübt. Es wäre Formalismus und läge nicht im Sinne der Ländervereinbarung, wenn der preuß. Handelsminister die Bestellung ablehnen und den Fall der Bayrischen Regierung überweisen wollte, die wiederum nach den Bayrischen Sonderbestimmungen eine bayrische Handelskammer mit der Bestellung betreuen müßte. Aber welcher, der des Geburtsorts oder der, in deren Bezirk er vielleicht später einmal gewohnt hat oder der Einfachheit halber der Handelskammer München? Zu allen diesen Kammern steht der Anwärter in keinerlei Beziehung, wohl aber zur Kammer Berlin und ihrer Aufsichtsbehörde, dem preuß. Handelsminister. Anders läge der Fall, wenn der bayrische Anwärter den Wunsch ausgesprochen hätte, einer bayrischen Zulassungs- und Prüfungsstelle überwiesen zu werden; dann müßte auch die Bestellung in Bayern erfolgen. Für die Freizügigkeit der Bestellung ergibt sich daraus der Grundsatz, daß ein Bayer, der in Preußen, und ein Preuße, der in Bayern seinen Wohnsitz hat, sowohl in Preußen wie in Bayern seine Bestellung betreiben kann. Hat er mehrere Staatsangehörigkeiten, so vermehren sich dementsprechend die Bestellungsmöglichkeiten. Schwierigkeiten können sich hieraus deshalb nicht ergeben, weil die Kammer, in der der Bewerber seinen Wohnsitz hat, bei jeder Bewerbung gehört werden muß, so daß eine doppelte oder eine wiederholte Bewerbung zu ihrer Kenntnis kommt.

Im einzelnen vollzieht sich der Gang des Verfahrens folgendermaßen: Der Anwärter meldet sich bei der Industrie- und Handelskammer, in der er während der letzten zwei Jahre vorwiegend seinen Wohnsitz hatte. Diese zieht, soweit noch erforderlich, Erkundigungen über seine persönliche und sachliche Befähigung ein und legt der Zulassungs- und Prüfungsstelle, bei der sich der Anwärter melden will, die Bewerbung mit einem eingehenden Gutachten vor. Die Zulassungs- und Prüfungsstelle, deren Geschäftsgang bei der Industrie- und Handelskammer liegt, überweist den Antrag des Anwärters dem Zulassungsausschuß. Diesem bleibt es überlassen, weitere Ermittlungen über die Person des Anwärters und seine Befähigung anzustellen. In der Übergangszeit können ganz ausnahmsweise Personen, auch ohne Ablegung einer Prüfung, zum Wirtschaftsprüfer bestellt werden, wenn sie durch ihre bisherige Tätigkeit und ihre Leistungen den Nachweis erbringen, daß sie die für die Ausübung des Berufs eines öffentlich bestellten Wirtschaftsprüfers erforderliche sachliche und persönliche Eignung besitzen. Der Zulassungsausschuß muß sich in diesem Falle darüber klar werden, ob er den Anwärter ohne weiteres zur Bestellung empfehlen oder ihn dem Prüfungsausschuß überweisen will.

Bewerbung

Übergangszeit

In der ersten Zeit waren die Zulassungs- und Prüfungsstellen deshalb in Verlegenheit, weil ihnen Vertreter des Berufs der Wirtschaftsprüfer angehören mußten, die noch nicht zum Wirtschaftsprüfer bestellt waren. Die Zulassungs- und Prüfungsstellen haben sich in verschiedener Weise hierbei geholfen. Die einen haben in unvollständiger Besetzung gearbeitet und damit gegen die Richtlinien verstoßen, andere, so insbesondere Berlin, haben Wert darauf gelegt, wenigstens den Prüfungsausschuß so bald wie möglich mit bestellten und beeidigten Wirtschaftsprüfern zu besetzen, damit nicht jemand, der noch selbst geprüft werden mußte, schon als Prüfender auftrat. Dies hat dazu geführt, daß eine Reihe von Anwärtern deren Geeignetheit zum Wirtschaftsprüfer außer jedem Zweifel stand, nach einer erleichterten mündlichen Prüfung zur Bestellung vorgeschlagen wurden. Da dieses Verfahren mit den Richtlinien der Hauptstelle nicht im Widerspruch stand, und die Kritik, die daran geübt wurde, weder in persönlicher noch sachlicher Hinsicht berechtigt erschien, hat der preuß. Handelsminister keine Bedenken getragen, die Bestellung auszusprechen. Bei jeder Neuregelung kommen eben Übergangsschwierigkeiten vor, die auf praktischem Wege überwunden werden müssen. Erleichterte Prüfung

Die Verhandlungen im Zulassungs- und im Prüfungsausschuß müssen sich unter der strengsten Verschwiegenheit vollziehen. Immer wieder stellt es sich heraus, daß über die Verhandlungen der beiden Ausschüsse Mitteilungen nach außen hin gelangen, ohne daß man demjenigen, der hierzu Veranlassung gibt, einen erheblichen Vorwurf machen könnte. Die Mitglieder der Ausschüsse fühlen sich oft als Vertreter bestimmter Organisationen, denen sie über ihre Tätigkeit in den Ausschüssen Rechenschaft ablegen zu müssen glauben. Sie sind dagegen als Mitglieder der Ausschüsse lediglich diesen und der Allgemeinheit verantwortlich. Sie müssen daher davon absehen, auch grundsätzliche Mitteilungen aus beiden Ausschüssen nach außen hin gelangen zu lassen. Soweit solche Mitteilungen grundsätzlicher Art zu machen sind, muß dies den Vorsitzenden der beiden Ausschüsse überlassen bleiben. Zu leicht kann es anderenfalls vorkommen, daß bei grundsätzlichen Mitteilungen auch persönliche Mitteilungen unterlaufen, die unter die strengste Verschwiegenheit zu stellen sind. Die Zulassungs- und Prüfungsstelle Berlin ist deshalb dazu übergegangen, die Mitglieder des Prüfungsausschusses durch Handschlag an Eidesstatt dahin zu verpflichten, daß sie die sich der Prüfung unterziehenden Persönlichkeiten gewissenhaft und unparteiisch prüfen, die Prüfungsergebnisse sorgfältig und sachlich würdigen sowie über die Beratungen und Abstimmungen des Prüfungsausschusses streng schweigen wollen. Es wird erwogen, auch den Mitgliedern des Zulassungsausschusses eine ähnliche Verpflichtung durch Handschlag an Eidesstatt aufzuerlegen. Dieses Vorgehen dürfte Nachahmung verdienen. Verschwiegenheit der Mitglieder

Die bisherigen Erfahrungen haben gezeigt, daß Kaufleute, Volkswirte, Techniker und Juristen in gleicher Weise zum Wirtschaftsprüfer berufen sind. Deshalb wird sich der neue Stand ganz wesentlich von dem Stand der Bücherrevisoren unterscheiden. Es soll ihm ja nicht die formale

Bücherrevisoren

Revision, sondern auch die materielle Prüfung obliegen. Darüber hinaus soll der Wirtschaftsprüfer auch in organisatorischer Richtung seinen Auftraggeber beraten können. Solches schließt nicht aus, daß tüchtige Bücherrevisoren sich als durchaus geeignet für den neuen Stand erweisen. Nur zeigen die bisherigen Prüfungen, daß die Bücherrevisoren, die etwa die 60 schon überschritten haben, häufig sich in die Aufgaben des neuen Standes nicht mehr hineinzufinden vermögen. Es wäre bedauerlich, wenn man diese tüchtigen Kräfte ihrem bisherigen Stand entziehen wollte, ohne daß sie für den neuen Stand voll brauchbare Mitglieder werden. Solche Personen sollten deshalb schon durch die Zulassungsausschüsse möglichst zurückgestellt werden, damit sie nicht erst dem Prüfungsausschuß zeigen, daß sie den großen Anforderungen des neuen Standes nicht gewachsen sind. Falsche Rücksichten auf das Alter der zu Prüfenden dürfen jedenfalls nicht genommen werden. Professor Dr. Bruck, der Vorsitzende eines Prüfungsausschusses in Münster, spricht sich hierüber in folgender Weise aus: „Es wäre zweckmäßig, das Alter der Prüflinge zu beschränken. Bei den vorhandenen Praktikern besteht für die normalen Prüfungen überhaupt keine Möglichkeit, sich über die in der Prüfungsordnung aufgeführten 13 Fächer und die in der Einleitung zu diesen aufgeführten Grundfächern ausweisen zu können. Nur ein junges modulationsfähiges Gehirn, das vom regulären Studium nicht zu weit entfernt ist, vermag eine solche Arbeit zu leisten. Hier besteht ein Widerspruch zwischen dem Grundsatz für das Examen, daß dieses nicht wie ein beliebiges akademisches abgehalten werden soll, und auf der anderen Seite einer Prüfungsordnung, welche eine Vielzahl von Examensgegenständen aufweist, wie bei einem akademischen Examen für junge Leute.“ Nur ist es schwer, bei einem bestimmten Alter eine Grenze zu ziehen. Denn der eine erscheint mit 60 Jahren noch anpassungs- und entwicklungsfähig, während die Entwicklung des anderen schon abgeschlossen ist. Daß auch Frauen Wirtschaftsprüfer werden können, ist selbstverständlich; eine Frau ist schon bestellt.

Nach den von der Hauptstelle herausgegebenen Zulassungsbedingungen kann von der Fachprüfung bei solchen Personen abgesehen werden, die mindestens das 30. Lebensjahr vollendet haben und durch eine mehrjährige Prüfungstätigkeit ihre persönliche und fachliche Eignung zur Durchführung schwieriger Prüfungen zweifelsfrei nachweisen. Über das

Prüfung

Vorhandensein der erforderlichen volks- und betriebswirtschaftlichen Kenntnisse sollen sich die Zulassungs- und Prüfungsstellen durch eine mündliche Prüfung des Bewerbers unterrichten. Von der mündlichen Prüfung kann nur abgesehen werden, wenn der Zulassungsausschuß es einstimmig beschließt (III. Übergangsbestimmungen). Nach der von der Hauptstelle herausgegebenen Prüfungsordnung kann ferner der Prüfungsausschuß geprüfte und vereidigte Bücherrevisoren sowie diejenigen Bewerber, die die Abschlußprüfung einer Hochschule oder eine für die Ausübung des Prüfers auf Grund von Richtlinien der Hauptstelle als gleichwertig zu erachtenden Prüfung abgelegt haben, von der mündlichen Prüfung in einzelnen Fächern befreien. Diese Bestimmungen machen in der Praxis der Zulassungs- und Prüfungsstelle einige Schwierigkeiten. Sie dürften in folgender Weise auszulegen sein:

a) Der Zulassungsausschuß kann bestimmt qualifizierten Personen die schriftliche Prüfung ganz oder teilweise erlassen, die aus einer Hausarbeit und zwei Klausurarbeiten besteht. Die mündliche Prüfung kann er ihnen außerdem nur dann erlassen, wenn dieses von ihm einstimmig beschlossen wird.

b) Dagegen kann der Prüfungsausschuß bestimmt qualifizierten Personen einzelne Teile der mündlichen Prüfung, nicht aber die schriftliche Prüfung, erlassen.

Der Prüfungsausschuß, der den Prüfling von einzelnen Fächern der mündlichen Prüfung dispensiert, kann, wenn die Prüfung in den übrigen Fächern zu Zweifeln Anlaß gibt, die Prüfung noch nachträglich auf die übrigen Fächer ausdehnen; denn es muß dem Prüfling lieber sein, noch auf einem anderen Gebiete seine Befähigung nachzuweisen, als nach dem bisherigen Ergebnis der Prüfung als durchgefallen bezeichnet zu werden. Der Prüfungsausschuß kann aber auch den Wunsch haben, einen solchen Prüfling noch nachträglich zu der schriftlichen Prüfung hinzuzuziehen. Gerade in der Übergangszeit, in der wir uns befinden, muß vermieden werden, daß Bestimmungen, die zur Erleichterung für den Prüfling gedacht waren, — in diesem Falle die Möglichkeit der Befreiung von der schriftlichen Prüfung —, ihm zum Verhängnis werden. Es empfiehlt sich deshalb, daß der Zulassungsausschuß die gesamte schriftliche Prüfung nur bei ganz zweifellos liegenden Fällen erläßt, im übrigen aber den Prüfling dem Prüfungsausschuß, wenn nicht zur vollen Prüfung, mindestens zur mündlichen Prüfung einschließlich Klausurarbeiten überweist mit dem Anheimgeben, ihm seitens des Prüfungsausschusses die Klausurarbeiten bei gutem Ausfall der mündlichen Prüfung zu erlassen. Sind die Klausurarbeiten und die Hausarbeit bei einer Überweisung zur vollen Prüfung so gut ausgefallen, daß sich eine mündliche Prüfung erübrigt, so kann der Prüfungsausschuß auch hiervon nach Bericht an den Zulassungsausschuß absehen. In der Übergangszeit empfiehlt sich möglichste Freistellung der Prüfungsausschüsse.

Im Anfang lag der Schwerpunkt der Tätigkeit der Zulassungs- und Prüfungsstelle in dem Zulassungsausschuß. Im Laufe der Zeit treten die Prüfungsausschüsse mehr in den Vordergrund. Sie sollen sich aus Vertretern der zuständigen Industrie- und Handelskammern sowie aus dem Beruf der Wirtschaftsprüfer, die von dem Institut für das Revisions- und Treuhandwesen im Benehmen mit der zuständigen Industrie- und Handelskammer zu benennen sind, zusammensetzen. Ferner sollen den Prüfungsausschüssen mindestens einer, in der Regel zwei Dozenten der Betriebswirtschaftslehre und in Preußen auch ein Vertreter der Kommunen sowie ein Beauftragter der Landesregierung angehören. Wenigstens ein Mitglied des Prüfungsausschusses soll die Befähigung zum Richteramt oder höheren Verwaltungsdienst haben. Den Vorsitz im Prüfungsausschuß soll der Geeignetste führen. Dagegen stellt den Vorsitzenden im Zulassungsausschuß die Industrie- und Handelskammer, an deren Sitz er errichtet ist.

Prüfungsausschuß

Während der Zulassungsausschuß die persönliche Geeignetheit des Bewerbes nach Ausbildung und Lebensführung beurteilen soll, fällt dem Prüfungsausschuß die schwere Aufgabe zu, sich davon zu überzeugen, ob die Kenntnisse des Anwärters ihn zur Wirtschaftsprüfung befähigen. Dabei ist die Stellung der Prüfenden oft nicht leichter, als die der zu Prüfenden. Die in der Prüfungsordnung erwähnten 13 Prüfungsgegenstände umfassen ein außerordentlich großes Wissensgebiet. Erscheint es schon unmöglich, Fragen aus allen diesen Gebieten zu stellen, so kommt hinzu, daß Alter und Vorbildung bei den Anwärtern grundverschieden sind. Die meisten Prüfungsausschüsse haben deshalb auch davon abgesehen, mehrere Anwärter zugleich zu prüfen. Sie knüpfen im Einzelexamen an die bisherige Tätigkeit des Anwärters an, um im allmählichen Übergang insbesondere auf die Betriebswirtschaftslehre und Bilanzkunde, auf Rechtswissenschaft, Steuerrecht und technische Allgemeinkenntnis sich davon zu überzeugen, ob der Anwärter die nötige theoretische und praktische Erfahrung zum Wirtschaftsprüfer hat.

Der Ausgangspunkt ist dabei entweder ein Referat, das der Anwärter während etwa 10 Minuten über ein Thema hält, das der Prüfungsausschuß aus drei von dem Anwärter vorzuschlagenden Themen auswählt; oder der Anwärter reicht 1—3 Berichte über Wirtschaftsprüfungen ein, die er schon durchgeführt hat, wobei die Namen im Interesse der Geheimhaltung fortbleiben; die Fragen lassen sich dann zwanglos an die in den Berichten niedergelegten Auffassungen anknüpfen; oder der Anwärter wird zu einem Bericht darüber aufgefordert, worin er in der letzten Zeit hauptsächlich tätig gewesen ist. Ein geschickter Prüfender wird dann leicht die nötigen Anknüpfungspunkte zu einer eingehenden Aussprache finden, die dem Werdegang des Anwärters gerecht wird. Denn wenn auch gewisse Grundkenntnisse auf allen Gebieten verlangt werden sollen, so kann doch der zukünftigen speziellen Betätigung des Wirtschaftsprüfers in dem Examen Rechnung getragen werden.

Neben der Kategorie der überalterten aber tüchtigen Bücherrevisoren bereitet noch eine andere Kategorie von Personen den Prüfungsausschüssen gewisse Schwierigkeiten. Es sind dies Direktoren von industriellen und kaufmännischen Unternehmungen, einflußreiche Bankmänner oder auch Beamte, die aus irgend einem Grunde ihre bisherige Tätigkeit aufgegeben haben. Sie verfügen in der Regel über eine reiche wirtschaftliche Erfahrung, haben aber häufig nicht die nötigen Grundkenntnisse, die nach den Bestimmungen verlangt werden müssen. Sie äußern deshalb in der Regel unter Hinweis auf ihre bisherige oft hervorragende Betätigung den Wunsch, ohne Prüfung zum Wirtschaftsprüfer bestellt zu werden. Da ein solcher Wunsch nur sehr selten erfüllt werden kann, sollte ihnen der Rat gegeben werden, zunächst einmal ihre theoretischen Kenntnisse wieder aufzubessern und zu vertiefen, wozu die an dem Sitz einzelner Zulassungs- und Prüfungsstellen veranstalteten Ausbildungskurse für Wirtschaftsprüfer, die mit Einpaukkursen nichts gemein haben, zweckmäßige Dienste leisten können. Auch dem gereiften Praktiker schadet es nichts, wenn er einmal wieder in den Jungbrunnen der modernen Wissenschaft steigt. Geht der zu Prüfende lediglich mit seinen praktischen Erfahrungen in das Examen, so ist die Gefahr des Durchfallens groß, denn der Prüfungsausschuß muß es vermeiden, Personen zu Wirtschaftsprüfern zu machen, die zwar von der Wirtschaft viel verstehen mögen, aber nicht vom Prüfen. Das Ergebnis der Prüfung ist in das Protokoll aufzunehmen. Dabei können Prädikate gegeben werden.

Wirtschaftler

Hält die Zulassungs- und Prüfungsstelle den Anwärter ohne Prüfung oder nach erfolgreicher Prüfung zur Bestellung als Wirtschaftsprüfer für geeignet, so schlägt sie ihn der Landesregierung — in Preußen dem Minister für Handel und Gewerbe — oder der von ihr beauftragten Stelle zur Bestellung vor. Diese wird nur in Ausnahmefällen seine Bestellung verweigern, also z. B. dann, wenn der Nachweis einer ordnungsmäßig und erfolgreich abgelegten Prüfung im Sinne der „Grundsätze" nicht geführt werden kann, oder wenn die für die Zulassung zur Prüfung geltenden Grundsätze offensichtlich verletzt worden sind. Eine solche Verletzung würde etwa vorliegen, wenn der Staatskommissar bei der Zulassungs- und Prüfungsstelle zu dem Ergebnis gekommen ist, daß bei Behandlung des Falles nicht mit der nötigen Objektivität verfahren wurde. In diesem Falle dürfte die Landesregierung entweder die Zulassung verweigern oder die Angelegenheit an die Zulassungs- und Prüfungsstelle zur nochmaligen Prüfung zurückverweisen. Es ist die Hauptaufgabe der Staatskommissare, darüber zu wachen, daß der Stand der Wirtschaftsprüfer die hohen Erwartungen erfüllt, die an ihn im Interesse der Wirtschaft und der Allgemeinheit gestellt werden müssen, und daß deshalb nicht nur keine ungeeigneten Elemente in ihn hineinkommen, sondern daß auch unter den vielen zur Verfügung stehenden Personen die allergeeignetsten ausgewählt werden.

Bestellung

4. Das Beschwerderecht.

Die Zulassungs- und Prüfungsstellen für Wirtschaftsprüfer sind in voller Arbeit. Eine große Zahl von Gesuchen auf Bestellung harrt aber noch der Bearbeitung in den Industrie- und Handelskammern, den Zulassungsausschüssen, den Prüfungsausschüssen, um schließlich der formellen Bestellung durch die Staatsbehörden zugeführt zu werden. Jede dieser Stellen bedeutet ein Hindernis für den Bewerber, das genommen werden muß. Bei dem großen Andrang stürzt mancher, und manche Hoffnungen auf einen auskömmlichen Lebensberuf werden vernichtet. Deshalb ist es nicht unnütz, zu fragen, ob und wie ein Sturz bei dem einzelnen Hindernis nachträglich ausgeglichen werden kann, mit anderen Worten, ob und welche Beschwerden gegen die Entscheidungen der einzelnen Stellen gegeben sind.

Gutachten der Industrie- und Handelskammer

Zunächst hat die zuständige Industrie- und Handelskammer ihr Gutachten zu der Anmeldung des Bewerbers abzugeben. Es hat besondere Bedeutung, weil die Zulassungs- und Prüfungsstelle (der Zulassungsausschuß) nur mit $^3/_4$ Mehrheit von einem ablehnenden Gutachten abweichen kann. Die Kammern verfahren bei der Bearbeitung der Gesuche verschieden. Die einen glauben jedes Gesuch, der Reihenfolge des Eingangs entsprechend, der Zulassungs- und Prüfungsstelle mit ihrem Gutachten alsbald übersenden zu müssen; die anderen geben, nötigenfalls nach Vorbereitung in einer kleinen Kommission, aussichtslose Bewerbungen den Anwärtern mit dem Bemerken zurück, daß die Kammer das Gesuch nicht befürworten könne. Besteht letzterer auf der Entscheidung des Zulassungsausschusses, so wird die Kammer das Gesuch der Zulassungs- und Prüfungsstelle mit ihrem Gutachten übergeben müssen. Tut sie es nicht, so liegt ein Grund zur Beschwerde vor, über den die Aufsichtsbehörde der Kammer — in Preußen der Minister für Handel und Gewerbe — zu entscheiden hat. Die Aufsichtsbehörde wird Bericht seitens der zuständigen Industrie- und Handelskammer einfordern oder auch ohne weiteres entscheiden, daß ein Beschluß der Zulassungs- und Prüfungsstelle herbeizuführen sei. Nur in Fällen, die ganz aussichtslos liegen, wird auch sie ihrerseits dem Bewerber anheimgeben, von der Bewerbung abzusehen. Besteht letzterer unter allen Umständen auf einer Entscheidung der Zulassungs- und Prüfungsstelle, so bleibt nichts anderes übrig, als dieser die Sache zuzuführen. Denn gemäß § 6 der Richtlinien über Errichtung und Verfahren der Zulassungs- und Prüfungsstellen „hat die zuständige Industrie- und Handelskammer die Meldung unter Beifügung eines Gutachtens der Zulassungs- und Prüfungsstelle weiterzureichen."

Gegen den Inhalt dieses Gutachten gibt es keine formelle Beschwerde. In Erstattung ihrer Gutachten ist die Kammer gemäß § 1 des Handelskammergesetzes frei, weil die Erstattung auf ihren Selbstverwaltungsbefugnissen beruht, und weil Aufsichtsbeschwerden wohl über Entscheidungen, nicht aber über Gutachten einer Selbstverwaltungskörperschaft statthaft sind. Es könnte sogar zweifelhaft erscheinen, ob die Aufsichtsbehörde das Gutachten einfordern kann. Sie dürfte hiervon nur Gebrauch machen, wenn begründeter Weise behauptet wird, daß bei der Erstattung des Gutachtens allgemeine Rechtsgrundsätze verletzt seien. Aber auch hierin dürfte es praktisch eine Einschränkung geben, da das Gutachten ja für die Zulassungs- und Prüfungsstelle bestimmt ist, in der es in Gegenwart des der Stelle zugeteilten Staatskommissars bei Behandlung des Falles vorgelesen wird, so daß der letztere etwaige Bedenken dagegen vorbringen kann.

Daß die Kammer berechtigt ist, dem Bewerber Einblick in ihr Gutachten zu gewähren, kann kaum zweifelhaft sein. Keinesfalls unterliegt es Bedenken, den Bewerber schon vor der Abfassung des Gutachtens seitens der Kammer auf die Umstände hinzuweisen, die seiner Bewerbung entgegenstehen, und ihm die Zurückziehung seiner Bewerbung anheimzustellen. Hat sich die Kammer aber entschlossen, die Bewerbung der Zulassungs- und Prüfungsstelle weiterzureichen, so dürfte es zweckmäßig sein, dem Bewerber weder Einblick in das Gutachten zu gestatten noch ihm gar Abschrift davon zu erteilen, weil ja die Prüfung und Entscheidung des Zulassungsausschusses noch bevorsteht und durch diese Entscheidung etwaige Beschwerden über den Inhalt des Gutachtens gegenstandslos werden können.

Bei der Entscheidung des Zulassungsausschusses wird der Fall nach eingehendem Vortrag eines Referenten und eines Korreferenten und nach Verlesung des Gutachtens der Kammer von allen Seiten beleuchtet. Der Zulassungsausschuß ist ja nicht nur aus Vertretern der Wirtschaft, also insbesondere aus Vertretern der Industrie- und Handelskammern, sondern auch aus solchen des Berufes der Wirtschaftsprüfer zusammengesetzt, und außerdem ist ein Vertreter des Staates, der Kommunen und der Wissenschaft anwesend. Wer die gewissenhafte Tätigkeit dieser Zulassungsausschüsse kennt und wer weiß, wie sorgfältig von ihnen jeder einzelne Fall beraten wird, der wird kaum annehmen, daß der Zulassungsausschuß leicht zu einem Fehlurteil kommt. Dennoch — Irren ist menschlich! — und gerade in der Anfangszeit wird mancher Anwärter das Gefühl haben, daß er zu unrecht abgewiesen sei. Häufig führen Unkenntnis über den Beruf des Wirtschaftsprüfers und die an den Beruf zu stellenden Anforderungen zu Beschwerden über Abweisungen. Deshalb sollte der Abgewiesene, bevor er zur Beschwerde greift, sich davon überzeugen, ob er alle Erfordernisse, die nach den Richtlinien der Hauptstelle für Wirtschaftsprüfer beim Deutschen Industrie- und Handelstag gegeben sind, erfüllt. Ist es z. B. zweifelhaft, ob der Anwärter die vorgeschriebene 6jährige praktische Tätigkeit, davon mindestens 3 Jahre Prüfungstätigkeit, ausgeübt hat, so kann der Zulassungsausschuß ein Gutachten der Hauptstelle herbeiführen, zu dessen

Entscheidung des Zulassungsausschusses

Erstattung sich letzter nach einem allgemeinen Beschluß verpflichtet hat. Hierbei ist insbesondere zu berücksichtigen, daß die aus dem Wirtschaftsleben hervorgegangenen Bewerber nicht immer den genauen Nachweis einer 3jährigen Prüfungstätigkeit erbringen können.

Es bleiben aber noch genug Fälle übrig, in denen der Zulassungsausschuß, obwohl die Voraussetzungen der Richtlinien erfüllt sind, aus persönlichen oder sachlichen Gründen der Bewerbung nicht stattgeben zu können glaubt. In solchen Fällen möchte der Bewerber häufig die Gründe wissen, aus denen die Ablehnung erfolgt ist, damit er ihnen entgegentreten kann. Die Gründe der Ablehnung sind in das Protokoll aufzunehmen, aber die Bekanntgabe der Ablehnung erfolgt ohne Begründung. Auch sind die Verhandlungen im Zulassungsausschuß unter strengste Vertraulichkeit gestellt, damit eine offene Aussprache über den Bewerber stattfinden kann. Kein Mitglied des Zulassungsausschusses darf die Gründe, die zur Ablehnung geführt haben, mitteilen, ohne daß ein dahingehender Beschluß des Ausschusses selbst vorliegt. Es dürfte aber kaum Bedenken unterliegen, daß ein Zulassungsausschuß den Beschluß faßt, seinem Vorsitzenden, und in dessen Vertretung etwa dem Geschäftsführer, die Ermächtigung zu erteilen, dem Bewerber auf Antrag die Gründe seiner Ablehnung mitzuteilen. Eine solche Ermächtigung kann gegebenenfalls auch generell erteilt werden. Damit jedoch in der Praxis der Zulassungs- und Prüfungsstellen in diesem wichtigen Punkte keine zu große Verschiedenheiten eintreten, dürfte sich ein Beschluß in der Hauptstelle empfehlen.

Gründe der Ablehnung

Der in dem Zulassungsausschuß mitwirkende Staatskommissar ist, obwohl er nicht Mitglied des Ausschusses ist, ebenso wie die Ausschußmitglieder zur Verschwiegenheit verpflichtet. Er ist deshalb ebensowenig wie die Ausschußmitglieder in der Lage, auf eine Beschwerde des Anwärters die Ablehnungsgründe mitzuteilen, aber er ist infolge seiner Mitwirkung in dem Ausschuß über diese Gründe soweit unterrichtet, daß er in der Lage ist, zu beurteilen, ob neue Tatsachen, die in der Beschwerde geltend gemacht sind, eine neue Beurteilung des Falles rechtfertigen. Deshalb empfiehlt es sich, in solchen Fällen dem Staatskommissar und nötigenfalls auch der Zulassungs- und Prüfungsstelle selbst Gelegenheit zur Stellungnahme zu der Beschwerde zu geben. Bleibt der Fall hiernach irgendwie zweifelhaft, so dürfte die nach dem Wohnsitz des Beschwerdeführers zuständige Kammer anzuweisen sein, die Sache nochmals der Zulassungs- und Prüfungsstelle vorzulegen.

Die Richtlinien sagen, daß eine erneute Behandlung eines erledigten Falles im Zulassungsausschuß erst nach einem Jahre möglich ist, wenn nicht die Zurückstellung ausdrücklich auf kürzere Zeit erfolgt. Ebenso bestimmt § 3 der Prüfungsordnung, daß der, der die Prüfung nicht bestanden hat, sie vor einem Jahre nicht wiederholen kann. Nur wird sich der Bewerber klar darüber sein müssen, daß es eine unmöglich zu ertragende

Beanspruchung des Zulassungsausschusses und der Handelskammern bedeutet, wenn jede Ablehnung etwa zu einer erneuten Bewerbung führen sollte. Die Kammern werden mit Recht solche wiederholten Bewerbungen zurückweisen, wenn nicht der Nachweis erbracht wird, daß Lücken in den allgemeinen Erfordernissen der Richtlinien, die bei der ersten Bewerbung vorgelegen haben, inzwischen ausgefüllt sind, oder wenn neue Tatsachen geltend gemacht werden, die die Bewerbung in einer anderen Beleuchtung zeigen.

Ähnlich liegt der Fall bei einer Aufsichtsbeschwerde. Wählt der zurückgewiesene Bewerber den Weg der Beschwerde, so wird auch die Aufsichtsbehörde nur dann die Sache zur nochmaligen Behandlung an den Zulassungsausschuß überweisen, wenn neue Tatsachen mitgeteilt werden, die eine veränderte Stellungnahme des Zulassungsausschusses möglich erscheinen lassen. Um solche Tatsachen aber mitteilen zu können, bedarf es nicht selten der Kenntnis der Ablehnungsgründe. Deshalb muß neben dem Zulassungsausschuß selbst auch die Aufsichtsbehörde die Möglichkeit haben, nötigenfalls diese Gründe dem abgewiesenen Bewerber mitzuteilen. Der Bewerber tut deshalb gut, entweder vor Einreichung seiner Beschwerde oder Einreichung einer neuen Bewerbung mit dem Zulassungsausschuß wegen Bekanntgabe der Gründe in Verbindung zu treten, oder sich an die Aufsichtsbehörde zu wenden, damit diese nach Prüfung des Falles und Mitteilung der Gründe die nochmalige Behandlung vor dem Zulassungsausschuß anordnen kann. Es ist deshalb nicht richtig, wenn häufig gesagt wird, der Bewerber sei schutzlos der zuständigen Industrie- und Handelskammer und dem Zulassungsausschuß ausgeliefert. Die Bewerber müssen ihrerseits aber auch Verständnis dafür haben, daß bei der Prüfung an mehreren Stellen, einmal in der Kammer, dann in den Gremien des Zulassungsausschusses, wo jede einseitige Beurteilung ausgeschlossen ist, in der Regel eine Gewähr dafür liegen dürfte, daß die Entscheidung nicht nur mit den Richtlinien, die für die Wirtschaftsprüfung gelten, in Übereinstimmung steht, sondern auch sachgemäß und gerecht ist. Und die Aufsichtsbehörde wird sich sagen müssen, daß diese doppelte eingehende Prüfung ihr die Gewähr dafür bietet, daß die getroffene Entscheidung richtig ist, und daß die gegen sie erhobenen Beschwerden nur in Ausnahmefällen begründet erscheinen können.

Aufsichtsbeschwerde

Die Zulassungs- und Prüfungsstellen tragen mit dem Staatskommissar der Allgemeinheit gegenüber die Verantwortung dafür, daß nur die allergeeignetsten Kräfte in den neuen Stand der Wirtschaftsprüfer aufgenommen werden. Deshalb wird mancher zurückgewiesen werden müssen, der sich zwar selbst für geeignet hält, der aber nach den Erfahrungen der Zulassungs- und Prüfungsstellen und nach den Richtlinien der Hauptstelle kein geeigneter Wirtschaftsprüfer zu werden verspricht. Würde der Zulassungsausschuß alle diese Personen dem Prüfungsausschuß überweisen, so würde nicht nur eine Überlastung des letzteren eintreten, sondern es würde dadurch auch den Bewerbern selbst nicht gedient sein; denn es ist für einen Mann im gereiften Lebensalter schon an sich nicht leicht, einer Prüfung standzuhalten, aber dabei durchzufallen, gehört nicht zu den Annehmlichkeiten des Lebens. Besteht jedoch ein Bewerber durchaus darauf, vom Zulassungsausschuß zur Prüfung zugelassen zu werden, so kann, wenn keine anderen Hinderungsgründe als die der vermuteten mangelnden Kenntnisse vorliegen, die Aufsichtsbehörde durch die zuständige Industrie- und Handelskammer der Zulassungs- und Prüfungsstelle nahe legen, den Fall nochmals mit dem Ziele der Überweisung an den Prüfungsausschuß zu behandeln. In einem solchen Falle würde der Staatskommissar in der Besprechung im Zulassungsausschuß die Gründe dazulegen haben, die für eine Überweisung an den Prüfungsausschuß sprechen. Erscheinen sie dem Prüfungsausschuß überzeugend, so wird er die Überweisung aussprechen. Andernfalls dürfte es bei seiner ersten Entscheidung zu verbleiben haben.

Die Ablehnung kann eine vorläufige sein, wenn der Zulassungsausschuß Zweifel über die Geeignetheit des Bewerbers hat, die noch aufgeklärt werden können. In solchem Falle pflegt der Zulassungsausschuß die Bewerbung auf Zeit zurückzustellen, womit er zum Ausdruck bringt, daß er demnächst den Fall endgültig prüfen werde. Gegen eine solche Zurückstellung Beschwerde zu erheben, erscheint unnütz; denn es ist ja in das Belieben des Bewerbers gestellt, die Zweifel, die ihm durch die Zulassungs- und Prüfungsstelle mitgeteilt werden können, durch Aufklärung baldigst zu beseitigen.

Es darf also festgestellt werden, daß dem Bewerber um die Wirtschaftsprüfertätigkeit, obwohl ein formelles Beschwerderecht in den Richtlinien nicht ausdrücklich festgelegt ist, die Aufsichtsbeschwerde sowohl gegenüber der Industrie- und Handelskammer wie der Zulassungs- und Prüfungsstelle gegeben ist, daß aber in beiden Fällen dieses Beschwerderecht gewisse Einschränkungen erleidet, die sich aus den Selbstverwaltungsbefugnissen der Kammer und der Zulassungsstelle ergeben. Man könnte daran denken, bei der Hauptstelle für Wirtschaftsprüfer einen Beschwerdeausschuß für alle Zulassungs- und Prüfungsstellen einzurichten. Aber ganz abgesehen davon, daß dieser Ausschuß den persönlichen und örtlichen Verhältnissen zu fern stehen würde, um ein wirklich sachverständiges Urteil fällen zu können, besitzt er auch nicht ein Aufsichtsrecht gegenüber den Industrie- und Handelskammern und den Zulassungs- und Prüfungsstellen. Deshalb kann er die Entscheidungen der letzteren nicht korrigieren. Nach den Bestimmungen soll er nur Richtlinien für die Tätigkeit der Zulassungs- und Prüfungsstellen aufstellen, aber nicht selbst in ihre Entscheidungen eingreifen. Bestehen Zweifel über die Auslegung der

Selbstverwaltung der Zulassungsorgane

Richtlinien, so kann er schon jetzt um eine gutachtliche Äußerung angegangen werden. Das muß zunächst genügen.

Auch gegen die Entscheidung des Prüfungsausschusses ist theoretisch die Beschwerde bei der Aufsichtsbehörde gegeben, praktisch dürfte sie zu den Seltenheiten gehören. Die Anwesenheit des Staatskommissars in der Prüfung sollte neben der Zusammensetzung der Prüfungskommission und der Verpflichtungserklärung ihrer Mitglieder dafür bürgen, daß in ihr mit der strengsten Sachlichkeit verfahren wird. Erweist sich im Laufe der Zeit dennoch hier und gegenüber der Entscheidung des Zulassungsausschusses eine Verstärkung des Beschwerderechts als notwendig, so kann sie nur in der Richtung der Stärkung der Aufsichtsbefugnisse gesucht werden.

Die Wirtschaftsprüfung ist durch ein Verwaltungsabkommen unter Reich und Ländern geregelt. Bewußt hat man davon abgesehen, sie durch ein Gesetz zu regeln, bevor auf dem Verwaltungswege die nötigen Erfahrungen gesammelt worden sind. Das Verwaltungsabkommen kann unschwer ergänzt oder geändert werden, falls eine Notwendigkeit hierzu vorliegt. Aber der Beweis, daß seine Bestimmungen nicht ausreichen, und daß eine formelle Beschwerde und etwa die Einsetzung eines besonderen Beschwerdeausschusses, der nach kontradiktorischer Verhandlung entscheidet, erforderlich sei, ist bisher nicht erbracht.

5. Berufsform und Ausbildung.

Es ist darüber gestritten worden, ob der „chartered accountant" Deutschlands Wirtschaftstreuhänder, Wirtschaftssachverständiger oder Wirtschaftsprüfer heißen soll. Die Aktienrechtsreform spricht bekanntlich vom Name
Bilanzprüfer, ebenso die Verordnung über die Revision der öffentlichen Betriebe, und die Novelle zum Versicherungsgesetz einfach vom Prüfer. Es erscheint dringend erwünscht, daß der Name des neuen Standes sich mit seinen Aufgaben deckt. Aber es ist nicht zu leugnen, daß seine Aufgaben mannigfaltig sind, so daß seine Namensbezeichnung nicht leicht war. Der Name Wirtschaftstreuhänder war von den Treuhand- und Revisionsgesellschaften unter Zustimmung der Bücherrevisoren gewählt worden, einmal um zum Ausdruck zu bringen, daß der Wirtschaftstreuhänder sich von dem Bücherrevisor mehrfach unterscheidet, sodann, um den Zusammenhang mit den Treuhand- und Revisionsgesellschaften schon im Namen herzustellen. Es ist aber mit Recht darauf hingewiesen, daß die Treuhandtätigkeit nur einen Teil der Tätigkeit der Revisionsgesellschaften ausmacht, und daß andere Berufsstände, wie z. B. die Rechtsanwälte und Notare, sie ebenfalls in größerem Umfange ausüben. Der Schwerpunkt der Tätigkeit des Wirtschaftsprüfers liegt nicht hier, sondern in der Revisionstätigkeit. Deshalb ist die Bezeichnung Wirtschaftsprüfer, die zugleich eine Be-

tätigung als Wirtschaftssachverständiger einschließt, mit Recht gewählt worden. Nur fehlt noch der gesetzliche Schutz dieses Namens, der aber durch die kommende Novelle zur Gewerbeordnung geschaffen werden soll.

Für den neuen Beruf ist der Wirtschaftsprüfer, nicht die Prüfungsgesellschaft, bestimmend. Denn öffentlich bestellt und beeidigt wird nur der Wirtschaftsprüfer; eine Prüfungsgesellschaft wird zwar zugelassen und in die Liste der zugelassenen Gesellschaften eingetragen, aber nur dann, wenn sie unter der Leitung eines öffentlich bestellten Wirtschaftsprüfers steht. Dennoch sind die Gesellschaften für die Durchführung der Wirtschaftsprüfung von größter Bedeutung. Haben sich doch hauptsächlich in ihnen die Grundsätze entwickelt, die zu einer Verbreitung und Vertiefung der Wirtschaftsprüfung geführt haben. Deshalb wäre es dringend erwünscht, daß auch sie, die in ihren Namen oft nur die Treuhand- und nicht die Prüfungstätigkeit betonen, zu einer Bezeichnung übergingen, die ihrem Wesen mehr entspricht und die es außerdem dem Publikum erleichtert, besser unter ihnen zu unterscheiden. Denn die Namen der Gesellschaften sind oft so gleichartig und dennoch so schwer einprägbar, daß sie zu Verwechslungen Anlaß geben müssen. Markante Namen mit dem Zusatz „eingetragene Prüfungsgesellschaft“ wären hier am Platze.

Umfang der Gesellschaften

Es ist der Wunsch geäußert worden, die Gesellschaften in ihrer Angestelltenzahl zu beschränken oder vorzuschreiben, daß auf einen in der Gesellschaft tätigen Wirtschaftsprüfer nicht mehr als etwa 20 Angestellte entfallen dürften. Theoretisch ist es denkbar, daß in einer Prüfungsgesellschaft nur ein Wirtschaftsprüfer als Leiter, ein zweiter Wirtschaftsprüfer als stellvertretender Leiter und etwa 200 Angestellte tätig sind. Die Frage ist nur, ob die beiden Wirtschaftsprüfer dann für alle Prüfungen noch die Verantwortung tragen können. Sie setzen sich nicht nur einer weitgehenden zivilrechtlichen Haftung für die Handlungen ihrer Angestellten aus, die nach der bisherigen Einstellung der deutschen Versicherungsgesellschaften durch Abschluß einer Versicherung noch nicht voll abgewehrt werden kann, sondern auch dem Widerruf für ihre Wirtschaftsprüferbestellung. Damit würde die Gesellschaft in ihrer gesamten Betätigung lahmgelegt werden. Deshalb muß die Leitung der Gesellschaft Wert darauf legen, das Verhältnis der Zahl der in ihr tätigen Wirtschaftsprüfer zu der Zahl ihrer Angestellten in einem solchen Verhältnis zu halten, daß von den Wirtschaftsprüfern die volle Verantwortung für die Betätigung der Gesellschaft getragen werden kann. Es ist möglich, daß im Widerrufsverfahren oder in Gutachten der Hauptstelle sich für dieses Verhältnis gewisse Richtlinien ergeben, es ist auch möglich, daß bei der Eintragung einer Prüfungsgesellschaft von der Zulassungs- und Prüfungsstelle darauf hingewiesen wird, daß Wirtschaftsprüfer- und Angestelltenzahl in einem Mißverhältnis stehen, und daß deshalb die Eintragung der Gesellschaft nicht eher erfolgen könne, bis weitere Wirtschaftsprüfer für die Gesellschaft bestellt seien. Jedenfalls ist dies ein Punkt, der sorgfältig im Auge behalten werden muß, dessen Schwierigkeiten aber nicht durch starre Regeln, sondern zweckmäßig durch eine den Umständen des einzelnen Falls Rechnung tragende Verwaltungspraxis überwunden werden. Es ist gerade der Vorzug der deutschen Wirtschaftsprüferorganisation, daß sie den aus der Praxis sich ergebenden Notwendigkeiten Rechnung tragen kann; deshalb sind alle an ihr interessierten Kreise berufen, durch praktische Vorschläge ihre Entwicklung zu fördern.

Form der Berufsausübung

Auch der Einzelprüfer kann sich eine große Zahl von Angestellten halten; er kann Techniker und Juristen in sein Büro aufnehmen, so daß er in seiner Berufsausübung den Prüfungsgesellschaften gegenüber nicht im Nachteil zu sein braucht. Er kann auch eine Gesellschaft bürgerlichen Rechts mit einem oder mehreren Wirtschaftsprüfern bilden oder nur eine Bürogemeinschaft mit ihnen eingehen; es können schließlich mehrere Wirtschaftsprüfer eine offene Handelsgesellschaft oder eine Gesellschaft mit beschränkter Haftung bilden. Ist sonach der Wirtschaftsprüfer in der Lage, seinen Beruf in jeder Form der Erwerbsgesellschaften auszuüben,

Freier Beruf

so ist er doch kein Gewerbetreibender im eigentlichen Sinne, sondern der Angehörige eines freien Berufsstandes. Dem widerspricht nicht, daß er auf Grund der Gewerbeordnung öffentlich bestellt wird; denn gerade diese öffentliche Bestellung, die eine nötigenfalls in einer Prüfung nachzuweisende hochgehende Qualifikation zur Voraussetzung hat, stempelt den Wirtschaftsprüfer zu dem Angehörigen eines freien Berufsstandes, der einer unter Mitwirkung des Staates stattfindenden Aufsicht unterliegt der sich aber auch selbst in dem „Institut der Wirtschaftsprüfer“ (vgl. B. V) ein eigenes auf dem Grundsatz der Selbstverwaltung beruhendes Berufsorgan geschaffen hat. In dieser Beziehung will sich der neue Beruf dem der Anwälte, Patentanwälte und Ärzte anpassen, die zwar ebenso wie Wirtschaftsprüfer Gewerbesteuer zahlen müssen, aber damit doch keine Gewerbetreibenden werden. Danach dürfte die streitige Frage, ob der Wirtschaftsprüfer ins Handelsregister einzutragen ist, grundsätzlich zu verneinen sein, auch wenn für ihn die Voraussetzungen des § 2 HGB. vorliegen. Nur die Annahme einer kaufmännischen Firma und die Führung des Unternehmens in der Form einer Handelsgesellschaft kann zu dieser Eintragung zwingen.

In den „Grundsätzen“ (B. 1) ist wiederholt von dem „Beruf des Revisions- und Treuhandwesens“ und von dem „Institut für das Revisions- und Treuhandwesen“ die Rede. Ursprünglich hatte der „Beruf“ die Absicht, ebenso wie in England und Amerika, den neuen Stand der Wirtschaftsprüfer aus sich heraus selbständig zu bilden. Für unsere deutschen Verhältnisse hat es sich jedoch als richtig erwiesen, daß hierbei auch die Wirtschaft in ihren amtlichen Berufsvertretungen und der Staat mitwirken. Dies erfordert nicht nur die augenblickliche Gesetzeslage, sondern auch die

Wichtigkeit der ganzen Frage für die Allgemeinheit. Dennoch haben sehr dankenswerter Weise sich diejenigen Verbände, deren Mitglieder sich vorwiegend mit dem Revisionswesen befaßt haben, zu einem „Institut für das Revisions- und Treuhandwesen" zusammengeschlossen. Nach seiner ursprünglichen Satzung bezweckt das Institut die „Förderung des Revisions- und Treuhandwesens sowie den Zusammenschluß der physischen und juristischen Personen, die den Revisions- und Treuhandberuf selbständig ausüben und einen Befähigungsnachweis in persönlicher und fachlicher Hinsicht erlangen." Das Institut erstrebte zu diesem Zweck „die Aufstellung und die Förderung einheitlicher Grundsätze für die Ausübung des Berufes, die Fernhaltung von ungeeigneten Personen und Gesellschaften und die Förderung des Berufsnachwuchses". Als Mitglieder konnten dem Institut „im Gebiete des Deutschen Reiches wohnende physische Personen deutscher Reichsangehörigkeit oder juristische Personen deutschen Rechts, die ihren Sitz im Gebiet des Deutschen Reiches haben, sofern sie das Revisions- und das Treuhandwesen selbständig betrieben oder leitende Personen von Treuhandgesellschaften sind, angehören."

Das Institut

Dieser im Mai 1930 aufgestellten Satzung gegenüber ist die Entwicklung in dem Beruf der Wirtschaftsprüfer inzwischen weiter vorgeschritten. Es hat sich ergeben, daß an dem Beruf der Wirtschaftsprüfer nicht nur solche Personen ein berechtigtes Interesse nehmen, die das Revisions- und Treuhandwesen als Kaufleute und Volkswirte betreiben, sondern auch solche, die als Juristen oder Techniker, als Landwirte oder als Kommunalpolitiker den Beruf des Wirtschaftsprüfers ausüben wollen. Umgekehrt hat das Treuhandwesen mit der Wirtschaftsprüfung an sich nichts zu tun, wenn es auch in enger Berührung mit ihm stehen mag; es bedarf deshalb hier keiner Berücksichtigung. Aus dieser Entwicklung ergab sich die Frage, ob das Institut als eine Vertretung des neuen Berufes der Wirtschaftsprüfer angesehen werden kann. Diese Frage ist bejaht worden.

Die Leiter des Instituts haben es durch eine geschickte Politik verstanden, nicht nur alle maßgebenden Verbände des Revisions- und Treuhandwesens in sich zu vereinigen, sondern sie sind auch mit den großen Verbänden der Technik und des Anwaltstandes, insbesondere mit dem Verein Deutscher Ingenieure und dem Verein beratender Ingenieure sowie dem Deutschen Anwaltsverein und dem Bund der landwirtschaftlichen Sachverständigen in Verbindung getreten und haben sich zu dem Grundsatz bekannt, daß auch aus den Reihen dieser Berufsgruppen solche Personen, die den Beruf als Wirtschaftsprüfer selbständig ausüben wollen, nicht nur zu Wirtschaftsprüfern bestellt werden können, sondern auch in dem Institut Aufnahme finden müssen. Der letztere Umstand ist von großer Bedeutung. Denn wenn das Institut eine Vertretung des Berufs der Wirtschaftsprüfer sein soll, so müssen ihm alle zu Wirtschaftsprüfern bestellte Personen angehören. Diese Entwicklung kennzeichnete das Institut, das lediglich aus Verbänden bestand, deren Mitglieder nur zu einem Teil zukünftige Wirtschaftsprüfer sein können, als ein vorläufiges. Das zukünftige Institut will seine Grundlage allein in den öffentlich bestellten Wirtschaftsprüfern und den Prüfungsgesellschaften suchen.

Das zukünftige Institut

Der unter B. V. abgedruckte neue Satzungsentwurf des „Instituts" geht von den Wirtschaftsprüfern als Trägern des „Instituts" aus. In England gibt es drei Organisationen der ,,chartend accountant". Wollen wir in Deutschland eine solche Zersplitterung vermeiden und das „Institut" wirklich zum Träger der Standesinteressen machen, in dem sich auch die oft verschiedenen Auffassungen, der Kaufleute, Volkswirte, Techniker, Juristen, Landwirte und Kommunalpolitiker ausgleichen können, so müssen alle öffentlich bestellten Wirtschaftsprüfer dem „Institut" beitreten. Zunächst wurde daran gedacht, dem „Institut" eine öffentliche Anerkennung dadurch zu geben, daß es in § 36 GO. und in der Ausführungsanweisung hierzu eine gesetzliche Grundlage bekam. Die Wirtschaftsprüferorganisation beruht zwar auf § 36 GO., hat aber erst in der Ländervereinbarung ihre Gestaltung bekommen. Deshalb empfiehlt es sich auch, das „Institut" in der Ländervereinbarung dadurch zu fundieren, daß sich die Länder verpflichten, die Bestellung des Wirtschaftsprüfers von seinem Beitritt zum „Institut" abhängig zu machen. Folgerichtig wird dann der Austritt aus dem „Institut" nur erfolgen können, wenn der Betreffende aufhört, Wirtschaftsprüfer zu sein. Das bedingt wieder, daß Kündigung der Mitgliedschaft oder Ausschluß aus dem „Institut" von dem Widerruf der Wirtschaftsprüferbestellung abgängig gemacht wird. Da aber die Vertreter des „Instituts" in den Zulassungs- und Prüfungsstellen sitzen, die sich zunächst mit dem Widerruf zu beschäftigen haben, so wird die Auffassung des Ehrengerichts des „Instituts" genügend zu Gehör gebracht werden können, ohne das jedoch das Ehrengericht eine Entscheidung über die Zugehörigkeit zum Stande der Wirtschaftsprüfer selbst hat. Der eigenartige Aufbau des Berufs der Wirtschaftsprüfer, der unter Beteiligung der Wirtschaft und des Staates erfolgt, erfordert eben eine Einordnung des „Instituts" in diesen Aufbau, wobei es zwar alle Standesinteressen wahrzunehmen vermag, aber doch die Zugehörigkeit zum Beruf und damit zum „Institut" nicht allein beeinflussen kann. In dieser scheinbaren Schwäche liegt jedoch auch eine Stärke, weil die unangenehmsten und oft schwierigsten Entscheidungen damit auf einen neutralen Boden außerhalb des „Instituts" verlegt werden.

Institut

Zwangsbeitritt

Eine der wichtigsten Aufgaben des „Instituts" wird die Sorge für die Berufsausbildung und für den Berufsnachwuchs sein. Das „Institut" hat schon jetzt Kurse für die Berufsanwärter eingerichtet; es hat ferner in seiner Geschäftsstelle in Berlin, Taubenstraße 34, eine Beratungsstelle für alle diejenigen geschaffen, die ein Interesse an dem Berufe und seiner

Berufsausbildung

Ausübung nehmen wollen. Es wird auch zu der Frage Stellung nehmen müssen, wie der Nachwuchs am geeignetsten auszubilden ist.

Zwei Richtungen, eine praktische und eine akademische, zeichnen sich hier ab. Die praktische findet in Max M. Warburg in Hamburg einen beredten Fürsprecher, der in seiner Ansprache bei der Gründung der Zulassungs- und Prüfungsstelle Hamburg betonte, es sei bedauerlich, daß die Prüfung der Wirtschaftsprüfer noch nicht in Einklang mit der Prüfung der beeidigten Bücherrevisoren gebracht werden konnte; zwischen beiden müsse eine Funktion hergestellt werden. Diese Richtung sieht in dem beeidigten Bücherrevisor die Vorstufe zum Wirtschaftsprüfer; der Bücherrevisor ist gewissermaßen der Referendar und der Wirtschaftsprüfer der Assessor der Wirtschaftsprüfung.

Bücherrevisoren

Demgegenüber vertritt eine Hochschulrichtung die Auffassung, daß, wie es einen Diplom-Kaufmann, -Volkswirt und -Ingenieur gebe, auch ein Diplom-Wirtschaftsprüfer geschaffen werden müsse. Da aber anerkannt wird, daß der Wirtschaftsprüfer auf der Hochschule wohl seine theoretische, nicht aber die für seinen Beruf unentbehrliche langjährige praktische Ausbildung bekommen kann, so soll die Vorstufe des Wirtschaftsprüfers auf der Hochschule der Diplom-Treuhänder sein. Ganz abgesehen davon, daß das Wort „Treuhänder" sachlich nicht gerechtfertigt ist und zu neuen Verwechslungen Anlaß geben dürfte, erhebt sich die weitere Frage, ob der Diplom-Treuhänder nach einem etwa vier semestrigen Zusatzstudium seine Prüfung ablegen oder ob das Studium schon vom ersten Semester ab auf die Wirtschaftsprüfung hin spezialisiert werden soll. Im ersteren Fall ergibt sich der Nachteil eines sehr langen Studiums neben dem Vorteil, daß sich Diplom-Kaufmann, -Volkswirt, -Ingenieur, -Landwirt und der juristische Referendar diesem Zusatzstudium widmen können, nachdem sie vielleicht vorher 1—3 Jahre praktischer Betätigung in der Wirtschaftsprüfung durchgemacht haben. Wir kämen dann zu dem Ergebnis einer akademischen Laufbahn, bei der die Praktiker, insbesondere die Bücherrevisoren, weit in den Hintergrund treten.

Diplom-treuhänder

Bei einer Spezialisierung vom ersten Semester ab wird der Nachteil des überlangen Studiums zwar vermieden, aber dafür der größere Nachteil eines Spezialistentums eingetauscht, das zu einer Konzentrierung des Studiums auf Bilanz- und Betriebswirtschaftslehre führen und den Zusammenhang der Wirtschaftsprüfung mit der Volkswirtschaft, der Technik, der Rechtswissenschaft und der Landwirtschaft sehr stark lockern muß.

Es ist ein außerordentlicher Vorteil des werdenden Berufes, daß er sich auf alle diese Berufsstände und insbesondere auf die Bücherrevisoren stützen kann. Wirtschaftsprüfung ist nicht etwas, was nur erlernt werden kann, sondern was auch erfühlt werden muß; denn es setzt eine starke organisatorische Begabung voraus. Ob jemand über diese verfügt, kann aber noch nicht im ersten Semester beurteilt werden. Würden Bilanzkunde und Betriebswirtschaftslehre vorwiegend oder gar ausschließlich eine Disziplin der Wirtschaftsprüfung werden, so kämen die übrigen Berufe zu kurz. Schon jetzt hat die Schaffung des neuen Berufs der Wirtschaftsprüfer weite Kreise in der Wirtschaft veranlaßt, sich selbst und ihre Betriebe zu prüfen, ob sie auf dem richtigen Wege sind. Hierbei soll der Wirtschaftsprüfer Hilfsstellung leisten. Je mehr sich aber die Erfahrungen der Wirtschaftsprüfung schon von der Hochschule aus verbreiten, je mehr die zukünftigen Wirtschaftsführer in den Disziplinen der Wirtschaftsprüfung zu Hause sind, desto besser für die Entwicklung unserer Wirtschaft.

Keine Spezialisierung

Deshalb kann eine vorzeitige Spezialisierung in der Wirtschaftsprüfung, mag sie nun von der Hochschule oder dem Stande der Bücherrevisoren ausgehen, nicht gutgeheißen werden. Es nützt ebensowohl dem Techniker wie dem Juristen, dem Landwirt wie dem Volkswirt und dem Bücherrevisor, wenn sie sich, ebenso wie der Kaufmann, mit Bilanzkunde und Betriebswirtschaftslehre beschäftigen, falls sie der Wirtschaft dienen wollen. Fühlen sie sich besonders berufen zur Wirtschaftsprüfung, so mögen sie auf dieser Grundlage sich zum Wirtschaftsprüfer entwickeln. Nur so erscheint eine Auslese der besten Kräfte möglich.

6. Die Aufgaben des Wirtschaftsprüfers.

Soll sich der Wirtschaftsprüfer bei seiner Revisionstätigkeit auf die Bilanzprüfung beschränken, oder ist er berechtigt und verpflichtet, darüber hinaus in eine allgemeine Betriebsprüfung einzutreten? Man kann einwenden, daß eine Bilanzprüfung nicht ohne eine Betriebsprüfung möglich sei, und doch besteht insofern ein gewisser Unterschied, als die Bilanzprüfung vorwiegend kaufmännische Vorbildung fordert, während die Betriebsprüfung darüber hinaus auch ein gewisses Maß von technischen Kenntnissen zur Voraussetzung haben dürfte. Noch mehr tritt der Techniker, neben ihm aber auch der Volkswirt und Jurist, in die Erscheinung, wenn es sich um eine Organisationsprüfung handelt, also um eine Prüfung des gesamten kaufmännischen, technischen und wirtschaftlichen Aufbaus des Betriebes. Schließlich bliebe noch die Prüfung der Geschäftspolitik übrig, die aber in der Regel der Leitung des Unternehmens vorbehalten bleiben muß und deshalb schwerlich einer anderen Nachprüfung unterliegen kann, als der durch die gesetzmäßigen Organe des Unternehmens[1].

Bilanz-, Betriebs-Organisationsprüfung

Ein Teil der bisherigen Treuhand- und Revisionsgesellschaften beschäftigt sich nach ihren Prospekten mit so vielen Dingen, daß sie eine Gesellschaft, geschweige denn ihre leitenden Personen, kaum beherrschen kann. Es ist deshalb mit Recht die Frage aufgeworfen worden, ob der amtlich bestellte Wirtschaftsprüfer in seiner Tätigkeit einzuschränken sei. Es wird von ihm verlangt werden müssen, daß er bei der Anpreisung

Einschränkung des Aufgabenkreises

[1] Vgl. hierzu Prion im zweiten Heft dieser Schriftenreihe.

seiner Tätigkeit sich und seiner Gesellschaft die nötige Zurückhaltung auferlegt. So sind z. B. marktschreierische oder mit hohlen Schlagworten verbrähmte Inserate, Firmenschilder, Geschäftspapiere oder Werbeschreiben unstatthaft; das gleiche gilt für Leuchtreklame. Auf der anderen Seite darf aber nicht verkannt werden, daß es von dem Maß der Tüchtigkeit des Wirtschaftsprüfers und dem Willen seines Auftraggebers abhängt, wie weit er die Wirtschaftsprüfung des einzelnen Unternehmens ausdehnen will. Die Bilanzprüfung und die Betriebsprüfung wird die Regel sein. Die Organisationsprüfung kann bei solchen Wirtschaftsprüfern, die als wirtschaftliche Sachverständige sich einen weitgehenden Ruf erworben haben, besonders bei kleineren und mittleren Unternehmungen, sehr wohl in Frage kommen. Die Prüfung der Geschäftspolitik des Unternehmens wird immer zu den seltenen Ausnahmen gehören müssen.

Wirtschafts- und Bilanzprüfer

Lassen sich sonach keine strengen Regeln für den Aufgabenkreis der Wirtschaftsprüfer aufstellen, so ergibt doch die Pflichtrevision einen gewissen Anhalt hierfür. Die Forderungen, die an das Können des Bilanzprüfers gestellt werden, sind enger, als die nach der Prüfungsordnung an den Wirtschaftsprüfer zu stellenden. Der Bilanzprüfer steht zwischen dem Bücherrevisor und dem Wirtschaftsprüfer; er überragt jenen, weil er sich nach dem Gesetze mit der materiellen Prüfung des Unternehmens beschäftigen muß, er steht hinter dem Wirtschaftsprüfer zurück, weil dieser in der Lage sein muß, die Organisation des Unternehmens zu beurteilen und sachverständige Ratschläge hierzu zu erteilen. Ein Wirtschaftsprüfer, der mit der Vornahme der Pflichtrevision beauftragt wird, wird sich deshalb zweckmäßig erkundigen, wie weit sein Auftrag geht. Er darf sich nicht ungefragt in Dinge einmischen, die von den verantwortlichen Geschäftsleitern letzten Endes allein zu entscheiden sind. Wird er aber um seinen Rat gefragt, so soll er ihn zwar taktvoll, aber doch mit all' der Offenheit geben, die die schwere Lage unserer Wirtschaft erfordert.

Für die Raterteilung des Wirtschaftsprüfers ist seine Herkunft von entscheidender Bedeutung. Er kann Kaufmann oder Bücherrevisor, Techniker oder Jurist, Kommunal- und Versicherungsfachmann oder Landwirt gewesen sein. Nur auf den landwirtschaftlichen Wirtschaftsprüfer soll durch besondere Gestaltung des Examens, wobei je ein Vertreter der Landwirtschaftskammer und der landwirtschaftlichen Hochschule, sowie landwirtschaftliche Wirtschaftsprüfer mitwirken, Rücksicht genommen werden. Die übrigen haben sich der allgemeinen Prüfung zu unterwerfen und dabei den Nachweis zu erbringen, daß sie in den Grundlagen der Wirtschaftsprüfung beschlagen sind. Dennoch werden die einzelnen Wirtschaftsprüfer je nach ihrer Herkunft ihre besondere Stellung zu ihrem Beruf haben. Dies im einzelnen darzulegen, wird Aufgabe besonderer Kenner auf den einzelnen Gebieten in dieser Schriftenfolge sein. Dabei soll auch der Nachweis geführt werden, daß die Wirtschaftsprüfung sich nicht auf die Gebiete der Pflichtrevision beschränken, sondern u. a. auch die charitative Betätigung von Kirchengemeinden und gemeinnützigen Gesellschaften, ja möglichst auch diese selbst prüfen soll. Denn überall müssen wir wieder zur Klarheit und Wahrheit kommen. Hier sollen nur die Hauptunterschiede in der Prüfertätigkeit berührt werden.

Die Volkswirtschaftslehre sucht die allgemeinen Zusammenhänge in der Volkswirtschaft klarzulegen. Sie unterscheidet sich wesentlich von der Betriebswirtschaftslehre, die sich mit der Organisation der Betriebe, also im wesentlichen mit einer praktischen Aufgabe, befaßt. Da bei der Betriebsprüfung der Zusammenhang mit der allgemeinen Volkswirtschaft im Auge behalten bleiben muß, so dürfte auch dem Volkswirt bei der Bildung des neuen Standes eine Aufgabe mit zufallen. Das Gleiche gilt für den wissenschaftlich vorgebildeten Landwirt. Ihm fällt bei dem Daniederliegen der Landwirtschaft und der Verbesserungsbedürftigkeit der landwirtschaftlichen Betriebsmethoden eine besondere Rolle als landwirtschaftlicher Prüfer und Sachverständiger zu. Hierbei muß jedoch die Einheitlichkeit des Berufsstandes gewahrt werden; deshalb wird der Wirtschaftsprüfer, der sich für das landwirtschaftliche Gebiet zu spezialisieren beabsichtigt, auch andere Betriebe prüfen können. Es hängt von seinem Auftraggeber ab, ob er ihn zu solchen Prüfungen heranziehen will.

Volkswirt

Landwirt

Als Kenner der Gesetze, die für die Wirtschaft eine immer größere Rolle spielen, sind auch die Juristen bei der Wirtschaftsprüfung nicht zu entbehren. Unter ihnen kommt in erster Linie der Anwalt in Frage. Es konnte zweifelhaft erscheinen, ob sich die Anwaltstätigkeit mit der des Wirtschaftsprüfers unmittelbar vereinigen läßt. Darüber hat die Hauptstelle in ihren „Grundsätzen für die Berufsausübung“ sich jetzt eingehend geäußert (B. III 2). Bei den Anwälten wird die Bestellung als Wirtschaftsprüfer vor allem dann in Frage kommen können, wenn sie auf die Vertretung von Parteien verzichten. Denn jede parteimäßige Vertretung könnte die Objektivität des Wirtschaftsprüfers in Frage stellen. Ob es als zulässig erachtet werden kann, daß ein öffentlich bestellter Wirtschaftsprüfer sich mit einem Anwalt in einem gemeinsamen Büro vereinigt, wird sowohl vom Standpunkt des Anwaltstandes wie von dem des Wirtschaftsprüferstandes einer Erörterung bedürfen. Ist die Verbindung keine zur gegenseitigen Vertretung, so wird man dagegen kaum etwas einwenden können; nur erhebt sich die Frage, ob sie dann überhaupt noch Zweck hat.

Daß dem Techniker bei dem Aufbau des neuen Standes eine starke Mitwirkung zufällt, ist selbstverständlich. Bei der Prüfung wirtschaftlicher Betriebe kommt es nicht nur auf ein erhebliches Maß betriebswirtschaftlicher Kenntnisse, sondern auch auf Kenntnisse gewisser technischer Vorgänge an, die auf die Bilanz des Unternehmens von unmittelbarer Wirkung sein können. Solche Wirkung kann u. U. auch ein kaufmännisch ge-

Techniker

schulter Bilanzprüfer übersehen. In vielen Fällen wird es jedoch noch stärkster technischer Erfahrungen bedürfen, wenn das Gutachten des Wirtschaftsprüfers für das Unternehmen und seine Organisation von Bedeutung sein soll.

A. Schlomann, einer der besten Kenner auf diesem Gebiete sagt hierzu: „Wirtschaftsprüfung dient nicht nur der Verhinderung von Kapitalfehlleitungen, sondern vor allem der Erhaltung von arbeitenden Sachwerten, die das Kapital geschaffen hat, der Aufrechterhaltung von Arbeitsstätten und der Zurückgewinnung von Arbeitsmöglichkeiten. Die Buch- und Bilanzprüfung vermag in diese Probleme nur einzudringen, wenn sie durch das Rüstzeug der Technologie vervollkommt ist. Unter Technologie ist hierbei die Lehre von den Zusammenhängen der Technik der verschiedensten Sondergebiete und der sich in ihr selbst überschneidenden Grenzgebiete einerseits zu verstehen und von den Zusammenhängen der Technik mit der Wirtschaft im allgemeinen sowie auch der Eigenwirtschaft, und zwar nicht nur einzelner technischer Betriebe, sondern der wirtschaftlichen Unternehmungen überhaupt."

Versicherungsunternehmungen

Das Versicherungswesen ist, wenigstens soweit die Versicherungsmathematik in Frage kommt, eine Wissenschaft für sich geworden. Im übrigen aber unterliegt es allgemeinen wirtschaftlichen Gesetzen und gehört deshalb in den Aufgabenkreis der Wirtschaftsprüfer. Es muß erwartet werden, daß die für Versicherungsunternehmungen und die Bausparkassen eingeführte Pflichtrevision in Zukunft lediglich dem Wirtschaftsprüfer vorbehalten bleibt.

Öffentliche Betriebe

Das gleiche gilt für die Revision der öffentlichen Betriebe. Es ist schon darauf hingewiesen, daß in der Buchführung dieser Betriebe die kaufmännische und die kameralistische Buchführung sich nähern. Könnte der Wirtschaftsprüferstand dazu beitragen, daß die Gegensätze, die sich zwischen öffentlicher und Privatwirtschaft immer wieder auftun, allmählich verschwinden, dann würde der Gesamtwirtschaft am besten genutzt sein. Bestimmte Wirtschaftszweige, wie die gemeinnützigen Betriebe, werden immer mehr der öffentlichen Wirtschaft vorbehalten bleiben. Der Wirtschaftsprüfer wird aber dafür zu sorgen haben, daß Betriebe, die viel besser in der Hand der Privatwirtschaft liegen, einerlei ob sie rentabel oder, was häufig vorkommt, unrentabel arbeiten, aus der öffentlichen Hand ausscheiden. Hier liegt dem Wirtschaftsprüfer eine wirtschaftspolitische Aufgabe ob, die ebenso wichtig ist, wie die, durch die Zuverlässigkeit seiner Revisionen auch in steuerlicher Hinsicht dafür zu sorgen, daß die Buchprüfer der Finanzämter allmählich abgebaut werden können[1].

[1] Von den 163 in Preußen bestellten Wirtschaftsprüfern waren Bücherrevisoren 66, Vertreter von Treuhandgesellschaften 44 (darunter 4 Kommunalfachleute), Kaufleute und Diplomkaufleute 18, Techniker 16, Wirtschaftsführer 12, Rechtsanwälte und Syndici 4, Beamte 3.

Der Techniker wie der Jurist und der Volkswirt wie der Landwirt, der Versicherungs- wie der Kommunalfachmann werden sich zweckmäßig beeidigter Bücherrevisoren zur Mitarbeit bei der Erstattung ihrer Gutachten bedienen. Überhaupt erscheint das Gebiet des Wirtschaftsprüfers so umfangreich, daß es zweifelhaft ist, ob es immer von einer Person allein beherrscht werden kann. Eine Spezialisierung für bestimmte Gebiete oder eine Zusammenfassung mehrerer Personen zu gemeinsamer Tätigkeit wird daher die Folge sein. Diese Spezialisierung kann erst im Laufe der Berufsausübung eintreten, sie kann aber auch schon bei der Ausbildung Berücksichtigung finden derart, daß das Studium des Juristen mit der Betriebswirtschaftslehre, oder das des Technikers mit der kaufmännischen Bilanzprüfung verbunden wird. Nicht alle unsere Hochschulen werden in dieser Hinsicht die nötigen Lehrkräfte zur Verfügung haben und sich schon so weit auf den neuen Stand der Wirtschaftsprüfer einstellen können, daß sie seine gesamte Entwicklung zu fördern in der Lage sind.

Die Handelshochschulen und die Hochschulen mit einer Wirtschafts- und Sozialwissenschaftlichen Fakultät stehen hier im Vordergrunde. Es ist aber begreiflich, daß auch andere Universitäten und Technische wie Landwirtschaftliche Hochschulen den Wunsch haben, an der Ausbildung des neuen Standes mitzuwirken, da sie sonst befürchten müssen, daß alle diejenigen, die Wirtschaftsprüfer werden wollen, zu solchen Hochschulen ab- Hochschulen
wandern, mit denen eine Zulassungs- und Prüfungsstelle in unmittelbarer Verbindung steht. Allerdings bildet die Prüfung zum Wirtschaftsprüfer in keinem Falle den Abschluß eines Hochschulstudiums. Zwischen diesem und der genannten Prüfung soll vielmehr mindestens ein Zeitraum von 6 Jahren praktischer Tätigkeit liegen. Dennoch ist es für die letztere Prüfung nicht ohne Bedeutung, auf welcher Hochschule der Anwärter sich seine theoretischen Kenntnisse erworben oder durch welche wissenschaftlichen Kurse er diese während der Übergangszeit ergänzt hat. Mit dieser Frage steht die schon berührte Freizügigkeit, und zwar nicht die nach bestandener Prüfung und Bestellung, sondern die bei der Auswahl der Zulassungs- und Prüfungsstelle, in unmittelbarer Verbindung. Im Allgemeinen darf festgestellt werden, daß die Rückwirkungen, die von dem Berufe des Wirtschaftsprüfers auf die Hochschulen ausgehen und in einer Vertiefung der Betriebswirtschaftslehre ihren Ausdruck finden, nicht nur dem Wirtschaftsprüferstande, sondern allen denen zugute kommen, die sich für eine Betätigung in der Wirtschaft auf den Hochschulen vorbereiten.

7. Numerus clausus und Widerruf der Bestellung.

Schon bei den ersten Erörterungen über die Bildung des neuen Standes hat die Frage eine Rolle gespielt, ob die Wirtschaftsprüfer der Zahl nach zu beschränken seien. Die einen glaubten diese Zahl auf 100, die anderen auf 200 und das Mehrfache beschränken zu sollen. Alle solche Beschränkungen erscheinen in absehbarer Zeit gefährlich, und die Erörterungen darüber sind unfruchtbar. Sollte die Entwicklung ergeben, daß der Wirtschaftsprüfer ähnlich wie der Bücherrevisor in der Regel allein arbeitet, nur unterstützt durch ein kleines Büro von Angestellten, so würde die Zahl der amtlich zu bestellenden viel größer sein müssen, als wenn sich auch hier die Gesellschaftsform herausbildet. Ob die Gesellschaftsform derart ist, daß sich mehrere amtlich bestellte Wirtschaftsprüfer ähnlich wie mehrere Anwälte zu einer Bürogemeinschaft zusammenschließen, oder ob der Zusammenschluß in der Form der Aktiengesellschaft oder der Gesellschaft mit beschränkter Haftung nach dem Beispiel der Prüfungsgesellschaften erfolgt, ist in der Sache gleichgültig.

Bei der Erörterung über den numerus clausus wird ferner übersehen, daß es sich nicht um einen ausschließlich privilegierten Stand handelt. Wenn ihm auch die Pflichtrevisionen vorbehalten bleiben sollen, so bleibt doch noch eine erhebliche Betätigung in der Wirtschaft übrig, die nicht der Pflichtrevision unterstellt ist. Soweit sich hier Revisionen als notwendig erweisen, konkurriert der Wirtschaftsprüfer mit dem Bücherrevisor. Schließlich ist der Wirtschaftsprüfer ja kein Beamter, dem eine bestimmte Summe von Aufgaben obliegt, sondern der Angehörige eines freien Berufs, der von der Auftragserteilung seiner Mandanten abhängt. Es kann sich deshalb der Tüchtige immer vor dem weniger Tüchtigen auszeichnen, so daß die Zulassungs- und Prüfungsstellen nicht ängstlich darauf zu sehen brauchen, ob sie etwa zu viel Personen zulassen. Auch im Anwalt- und Ärztestande herrscht teilweise eine Überfüllung, was wohl im Interesse der Berufsangehörigen, nicht aber vom Standpunkt des allgemeinen Wohles aus zu beklagen ist. Zudem wird mancher tüchtige Wirtschaftsprüfer den Weg zur unmittelbaren Betätigung in der Wirtschaft finden. Denn sein Beruf bringt ihn in so enge Verbindung mit einflußreichen Wirtschaftskreisen, daß er leicht zu ihnen hinübergezogen werden kann. Es sollte deshalb nicht so sehr auf eine schematische Begrenzung der Zahl, sondern eine sehr sorgfältige Auswahl gesehen werden, damit nicht nachträglich Personen wieder aus dem Stande ausgemerzt werden müssen, die zur Hebung seines Ansehens nicht beigetragen haben.

In einer Entscheidung vom 10. IV. 1924 hat das Preußische Oberverwaltungsgericht ausgesprochen, daß die Bestellung von Personen auf Grund des § 36 der Gewerbeordnung auch dann nicht widerrufen werden könne, wenn die Bestellung unter dem ausdrücklichen Vorbehalt des Widerrufs erfolgt sei. In einer Entscheidung vom 3. März 1927 — III B. 3. 27 — hat das Oberverwaltungsgericht diese Auffassung verlassen und anerkannt, daß eine auf Widerruf auf Grund des § 36 bestellte Person nicht nur im Wege des Verfahrens nach § 53—54 der Gewerbeordnung und § 120 des Zuständigkeitsgesetzes, also im Wege der polizeilichen Verfügung und des Ver-

Stellung des Oberverwaltungsgerichts

waltungsstreitverfahrens seiner Bestallung verlustig erklärt werden könne, sondern daß auch der Widerruf der Bestellung von der Stelle ausgesprochen werden dürfe, die die Bestellung vorgenommen hat. Damit ist die Bestellung auf Widerruf nach preußischem Recht für zulässig erklärt worden.

Die Wirtschaftsprüfer werden allgemein nur auf Widerruf bestellt, und die Ausübung des Widerrufs wird in Preußen durch den Minister für Handel und Gewerbe, in den übrigen Ländern durch die Stelle vorgenommen werden, die den Wirtschaftsprüfer bestellt hat. Man muß danach streben, daß der auf Widerruf Bestellte eine Rechtsgarantie dafür erhält, daß der Widerruf nicht zu Unrecht ausgeübt wird. Denn der Ausspruch des Widerrufs wird häufig die Vernichtung seiner Existenz bedeuten. Auf der anderen Seite dürfte es wenig zweckmäßig erscheinen, die Einleitung des Verwaltungsstreitverfahrens von der Auffassung der Entscheidung der allgemeinen Polizeibehörden abhängig zu machen. Denn der Natur der Sache nach wird es sich bei der Ausübung des Widerrufs in der Regel nicht um rein persönliche, sondern um sachliche Verfehlungen handeln, deren Beurteilung sich in der Regel der Kenntnis der Polizeibehörden entzieht. Dementsprechend sind in den „Grundsätzen" (B 1, IV) eingehende Bestimmungen über den Widerruf der Bestellung getroffen worden.

Danach soll die Bestellung des Wirtschaftsprüfers nur dann widerrufen werden, wenn die zuständige, d. h. diejenige Zulassungs- und Prüfungsstelle, die seine Bestellung empfohlen hat, feststellt, daß dem Wirtschaftsprüfer die für die Ausübung dieses Berufs erforderliche Zuverlässigkeit im Sinne der Grundsätze der Hauptstelle fehlt. Diese Grundsätze müssen noch festgelegt werden. Sie können ganz allgemein getroffen oder auch im Anschluß an die einzelnen Fälle im Laufe der Zeit entwickelt werden. Hierin Verfahren des Widerrufs
liegt eine der schwierigsten Aufgaben der Hauptstelle. Es ist deshalb vielleicht zu bedauern, daß sie nicht unmittelbar in das Widerrufsverfahren eingeschaltet ist. Die Grundsätze der Ländervereinbarung sagen vielmehr hierüber folgendes: „Die Zulassungs- und Prüfungsstelle trifft ihre Feststellung usw. und teilt dieses Feststellungsergebnis der für den Widerruf zuständigen Stelle mit. Diese kann von der Ausübung des Widerrufs absehen; sie hat in diesem Falle entweder den Sachverhalt zur nochmaligen Verhandlung an die Zulassungs- und Prüfungsstelle zurückzuverweisen, oder eine andere Zulassungs- und Prüfungsstelle um die nochmalige Verhandlung zu ersuchen. Wird auf Grund der wiederholten Verhandlung die auf Grund der ersten Verhandlung getroffene Feststellung bestätigt, dann wird die Bestellung von der zuständigen Stelle widerrufen."

Gegen diese Formulierung ist einzuwenden, daß sie wohl für diejenigen Fälle paßt, in denen eine Industrie- und Handelskammer die bestellende Stelle ist, daß sie aber versagt, wenn, wie in Preußen, die Bestellung durch den Minister für Handel und Gewerbe, also durch eine amtliche Zentralstelle, vorgenommen wird. Denn diese kann in ihren Verwaltungsmaßnahmen nach den Verfassungsgesetzen wohl durch das oberste Verwaltungsgericht, nicht aber durch eine Einrichtung korrigiert werden, die sie selbst mitgeschaffen hat und die ihrer Aufsicht unterliegt.

Mitwirkung der Hauptstelle

In der Praxis werden hieraus jedoch kaum Schwierigkeiten entstehen. Denn wenn zwei Zulassungs- und Prüfungsstellen sich auf denselben Standpunkt bezüglich der Ausübung des Widerrufs in einem bestimmten Falle gestellt haben, so dürfte auch in der Regel die Staatsbehörde sich einer solchen Auffassung anschließen. Erwünschter wäre es gewesen, wenn bei dieser Gelegenheit die Hauptstelle eingeschaltet wäre etwa derart, daß sie im Falle einer Beschwerde über den Widerruf seitens einer Zulassungs- und Prüfungsstelle von der Stelle, die den Widerruf auszusprechen hat, um ein Gutachten anzugehen wäre. Denn es handelt sich bei der Beurteilung, ob der Widerruf ausgeübt werden muß, nicht selten um Fälle, die stark in die Wirtschaftswissenschaften hineingehen und die deshalb zu ihrer Beurteilung neben weitgehenden praktischen Kenntnissen auch einer eingehenden wissenschaftlichen Untersuchung bedürfen. Gerade auf dem neuen Gebiet der Bilanz- und Betriebsprüfung, noch mehr aber natürlich auf dem der Organisationsprüfung werden verschiedene Beurteilungen Platz greifen können, die nicht zu einer ungerechtfertigten Verurteilung des Wirtschaftsprüfers führen dürfen. Würde auf diese Weise in der Hauptstelle ein Zentralorgan geschaffen, das in ständiger Praxis gewisse Grundsätze für die Wirtschaftsprüfung entwickelt, so würden sich zweifellos die Länder, die Zulassungs- und Prüfungsstellen errichtet haben, der Auffassung der Hauptstelle durchweg anschließen und damit auch dem Wirtschaftsprüfer selbst zu einer größeren Rechtssicherheit verhelfen. Es sollte deshalb erwogen werden, ob nicht in der weiteren Entwicklung eine solche Praxis einzuführen ist. Von besonderer Bedeutung ist hierbei, daß der Wirtschaftsprüfer auch als Bilanzprüfer nach der Aktienrechts- und Versicherungsnovelle nicht nur einer besonderen Haftung, sondern auch einer besonderen Strafe unterstellt ist (§§ 262g, 318a). Es wird deshalb bei der Entscheidung über den Widerruf eine Fühlungnahme mit den Justizbehörden notwendig werden, um widersprechende Entscheidungen zu vermeiden.

Der bestellte Wirtschaftsprüfer wird das Damoklesschwert des Widerrufs immer über seinem Haupte schweben fühlen. Er wird deshalb alles vermeiden müssen, was von der strengsten Sachlichkeit sich entfernt, und er wird durch Kenntnis, Erfahrung und Fleiß mit seinen eigenen Leistungen die des neuen Standes heben und ihn zur allgemeinen Anerkennung bringen müssen. Zum Schluß mag hier das Wort von Max M. Warburg stehen: „Ich bin fest davon überzeugt, daß wenn Wirtschaftsprüfer und Pflichtrevisor schon früher eingeführt wären, viel traurige Ereignisse im Geschäftsleben, die wir jetzt erleben, nicht stattgefunden hätten. Die Weltkrisis wäre auch dann gekommen, aber ihre Auswirkungen hätten ein widerstandsfähigeres Deutschland getroffen.“

B. Besonderer Teil.

I. Grundsätze für die öffentliche Bestellung der Wirtschaftsprüfer.

(Ländervereinbarung[1].)

Zwischen der Reichsregierung und den Regierungen der Länder besteht Übereinstimmung, daß nachfolgende Grundsätze für die öffentliche Bestellung der „öffentlich bestellten Wirtschaftsprüfer maßgebend sind[2]:

I. Hauptstelle für die öffentlich bestellten Wirtschaftsprüfer.

1. Beim Deutschen Industrie- und Handelstag wird eine „Hauptstelle für die öffentlich bestellten Wirtschaftsprüfer" (Hauptstelle)[3] gebildet, deren Geschäftsführung der Deutsche Industrie- und Handelstag übernimmt[4].

2. Die Hauptstelle setzt sich aus Vertretern der Spitzenverbände der beteiligten

---

[1] Die Geschichte der Ländervereinbarung ist folgende: Im Anfang des Jahres 1930 trat der Preußische Handelsminister an die übrigen Länder mit der Anfrage heran, ob sie bereit seien, sich gegenseitig zu verpflichten, öffentliche Wirtschaftsprüfer nach gemeinsam zu vereinbarenden Grundsätzen zu bestellen. Zur Durchführung der Grundsätze solle eine Hauptstelle beim Deutschen Industrie- und Handelstag gebildet werden. Der Vorschlag wurde nur von einigen Ländern angenommen, von anderen abgelehnt, so daß eine Vermittlung des Reichswirtschaftsministers notwendig wurde. Erst im Laufe des Jahres 1931 stimmten alle Länder zu und verständigten sich auf die nachfolgenden Grundsätze.

[2] Es besteht kein Zweifel darüber, daß für die Bestellung der Wirtschaftsprüfer gemäß § 36 GO. die Länder zuständig sind. Wenn es dennoch in den Einleitungsworten der Ländervereinbarung heißt „zwischen der Reichsregierung und den Regierungen der Länder besteht Übereinstimmung", so wird hiermit lediglich zum Ausdruck gebracht, daß die Reichsregierung bei der Aufstellung der Grundsätze mitgewirkt hat.

[3] Die Bildung der Hauptstelle stieß auf nicht unbeträchtliche Schwierigkeiten. Der deutsche Industrie- und Handelstag ist selbst keine Körperschaft des öffentlichen Rechts, sondern nur Spitzenorganisation von Körperschaften des öffentlichen Rechts, nämlich der deutschen Industrie- und Handelskammern. Letztere glaubten zum Teil, den Wirtschaftsprüfer aus dem Bücherrevisor, der von ihnen bestellt wird, entwickeln und selbst die Bestellung der Wirtschaftsprüfer in die Hand nehmen zu können. Nach langwierigen Verhandlungen im Hauptausschuß des deutschen Industrie- und Handelstags, durch die die dringende Angelegenheit stark verzögert wurde, kam ein Kompromiß dahin zustande, daß die Hauptstelle nur Grundsätze und Richtlinien zu ihrer einheitlichen Durchführung aufstellen, die Prüfung der Bewerber aber in den bei einzelnen Industrie- und Handelskammern zu bildenden Zulassungs- und Prüfungsstellen erfolgen solle. Die Hauptstelle zählt rund 50 Mitglieder.

[4] Es braucht kaum betont zu werden, daß die Geschäftsführung seitens des Deutschen Industrie- und Handelskammertags durchaus neutral gegenüber den drei in der Hauptstelle vertretenen Richtungen Staat, Wirtschaft und Beruf zu führen ist. Die Geschäftsführung ist nicht nur der Wirtschaft und ihren Spitzenverbänden, sondern der ganzen Hauptstelle, also auch den beiden anderen in ihr vertretenen Gruppen verantwortlich. Die Hauptstelle und ihre Geschäftsführung ist keine Einrichtung des Deutschen Industrie- und Handelstags, sondern unter Zustimmung der Industrie und Handelskammern als Selbstverwaltungsorgan der Wirtschaftsprüfung „bei" ihm gebildet.

Wirtschaftskreise[1], der Berufsverbände des Revisions- und Treuhandwesens[2] und der Zulassungs- und Prüfungsstellen zusammen[3]. Die Reichsregierung kann sich durch Beauftragte in der Hauptstelle vertreten lassen[4]. Das gleiche gilt für die Landesregierungen. Die Zahl der Beauftragten der Landesregierungen soll insgesamt nicht mehr als 6 betragen[5, 6].

3. Aufgabe der Hauptstelle ist es,

a) Grundsätze für die zur Durchführung dieser Vereinbarung erforderlichen einheitlichen Bestimmungen vorzuschlagen[7];

b) auf die einheitliche Durchführung und Handhabung dieser Bestimmungen hinzuwirken[8].

4. Die Hauptstelle gibt sich ihre Geschäftsordnung selbst[9].

---

[1] Die Spitzenverbände sind die in § 3 der Satzung der Hauptstelle genannten.

[2] An die Stelle der Berufsverbände des Revisions- und Treuhandwesens ist nach seiner Umgründung des Institut der deutschen Wirtschaftsprüfer getreten. Die Satzung ist unter B V abgedruckt.

[3] Die 12 Zulassungs- und Prüfungsstellen sind in Berlin, Königsberg, Breslau, Münster, Frankfurt a. M., Köln, Leipzig, München, Nürnberg, Stuttgart, Mannheim und Hamburg gebildet. Bremen beabsichtigt, ebenfalls eine Stelle einzurichten.

[4] Die Reichsregierung hat je einen Vertreter des Wirtschafts- und des Justizministeriums in die Hauptstelle entsandt. Das Wirtschaftsministerium ist federführend, das Justizministerium ist wegen der Zusammenhänge mit der Pflichtrevision in der Aktienrechtsnovelle besonders interessiert. Sollten sich im Laufe der Zeit Verbindungen zwischen der Wirtschafts- und der Steuerprüfung herstellen lassen, so dürfte auch ein Beauftragter des Reichsfinanzministeriums zweckmäßig in die Hauptstelle eintreten.

[5] Von den Landesregierungen entsendet Preußen, Bayern, Sachsen, Württemberg, Thüringen und Hamburg je einen Vertreter.

[6] Die Beauftragten des Reichs und der Länder sind Mitglieder der Hauptstelle. Um die Auffassung ihrer Regierungen wirkungsvoller vertreten zu können, haben sie jedoch kein Stimmrecht; denn sie sollen durch eine Überstimmung nicht verhindert werden, ihre abweichende Auffassung besonders in der Länderkonferenz zur Geltung zu bringen, die in der Lage ist, Beschlüsse der Hauptstelle durch Nichtgenehmigung außer Kraft zu setzen. Mit Rücksicht auf die Pflichtrevision bei den öffentlichen Betrieben hat der Staat ein Interesse daran, daß außer Reich und Ländern auch die Kommunen in der Hauptstelle vertreten sind. Hierzu ergibt sich die Möglichkeit nach § 3 Abs. 3 der von den Ländern genehmigten Satzung der Hauptstelle, wonach die Hauptstelle Vertreter weiterer Organisationen, also auch der Spitzenverbände der Kommunen, zulassen kann. Es darf erwartet werden, daß die Hauptstelle hiervon Gebrauch macht.

[7] Die Grundsätze sind der Länderkonferenz vorzuschlagen und von ihr bzw. den Landesregierungen zu genehmigen. Ein Land kann von ordnungsmäßig genehmigten Grundsätzen, Richtlinien, Zulassungsbedingungen und Prüfungsordnungen nicht abweichen. Solche Grundsätze sind bisher ergangen

a) für die Berufsausübung des Wirtschaftsprüfers,

b) über den Begriff der selbständigen und hauptberuflichen Tätigkeit als Wirtschaftsprüfer gemäß § 4 Ziff. 5 der Satzung der Hauptstelle. Die gemäß § 4 Ziff. 4 aufzustellenden Grundsätze sind noch nicht erlassen; ebenso nicht die nach §§ 9 u. 10 der Bestimmungen für die Zulassungs- und Prüfungsstellen.

Es hat sich ferner als notwendig herausgestellt, Grundsätze darüber aufzustellen, ob und inwieweit der Wirtschaftsprüfer für sich Reklame machen kann. Beschränkung von Zeitungsanzeigen oder gedruckte Anzeigen nach dem Vorbilde des Ärzte- und Rechtsanwaltstandes dürfte am Platze sein. Es ist Aufgabe des „Instituts der Wirtschaftsprüfer" sich baldigst mit dieser Frage und der ebenso wichtigen Gebührenfrage zu befassen und Vorschläge an die Hauptstelle gelangen zu lassen.

[8] Vgl. § 4 Ziff. 3 u. 6; gemäß § 7 Abs. 3 der Bestimmungen für die Zulassungs- und Prüfungsstellen ist die Hauptstelle berechtigt, einen Vertreter zu der Prüfung zu entsenden, damit sie auf eine einheitliche Handhabung der Prüfungsbestimmungen hinwirken kann.

[9] Die Geschäftsordnung ist noch nicht erlassen.

II. Prüfung und Bestellung der öffentlich bestellten Wirtschaftsprüfer.

Die Landesregierungen oder die von ihnen damit beauftragten Stellen[1] werden nur solche Personen zu öffentlich bestellten Wirtschaftsprüfern bestellen, die eine dieser Vereinbarung entsprechende Prüfung mit Erfolg abgelegt haben[2].

A. Prüfung.

1. Die Landesregierungen errichten im Benehmen mit der Hauptstelle und den beteiligten Industrie- und Handelskammern Zulassungs- und Prüfungsstellen[3]. Die Zulassungs- und Prüfungsstellen setzen sich aus Vertretern der Industrie- und Handelskammern[4], des Berufs-, des Revisions- und Treuhand-

[1] In Preußen und fast allen norddeutschen Ländern wird die Bestallung von dem zuständigen Minister, in einigen süddeutschen Ländern von den Handelskammern vorgenommen; vgl. oben Nr. 2 des Hauptteils „Die Gesetzeslage". Zuständig ist in Preußen nach der Geschäftsordnung für die Ministerien der Minister für Handel und Gewerbe. Dieser hat sich jedoch nur die Ausfertigung der Bestallungsurkunde als den für die Bestellung entscheidenden Akt vorbehalten. Die Aushändigung der Urkunde und die Beeidigung des Anwärters überläßt er der für den Wohnsitz des Bestellten zuständigen Industrie- und Handelskammer, die auch seine Überwachung ausübt. Erst mit der Beeidigung und der Aushändigung der Bestallungsurkunde darf sich der Bestellte Wirtschaftsprüfer nennen. Die Bekanntgabe der Bestellungen erfolgt in den Nachrichtenblättern der Industrie- und Handelskammern.

[2] Dies ist die entscheidende Bestimmung in der Ländervereinbarung. Soll der Wirtschaftsprüfer in ganz Deutschland tätig sein und nach dem Grundsatz der Freizügigkeit seinen Wohnsitz in jedes andere Land verlegen können, ohne seine Eigenschaft als Wirtschaftsprüfer zu verlieren, so muß die Prüfung für alle Wirtschaftsprüfer gleichwertig sein. Sache der Hauptstelle ist es, hierauf zu achten, und jedenfalls ihre Bemerkungen dem Reichswirtschaftsminister mitzuteilen, damit er durch die Länderkonferenz auf eine gleichmäßige Handhabung der Prüfungsbestimmungen hinwirken kann. Es muß unter allen Umständen vermieden werden, daß seitens einer Zulassungs- und Prüfungsstelle die Prüfungen besonders leicht gestaltet werden.

Die Worte „eine dieser Vereinbarung entsprechende Prüfung" schließen nicht aus, daß während der Übergangszeit von der Prüfung abgesehen wird; denn diese Erleichterung ist in der Ländervereinbarung unter I vorgesehen.

[3] Vgl. Anm. I B. Im „Benehmen" heißt nach Verhandlung mit der Hauptstelle und den beteiligten Industrie- und Handelskammern. Kommt eine Übereinstimmung nicht zustande, so entscheidet die Landesregierung. Wo ein bestimmt abgegrenzter Bezirk für die Zulassungs- und Prüfungsstelle gebildet ist, sind beteiligt die Industrie- und Handelskammern, die zu diesem Bezirk gehören. In Preußen ist von einer Bezirksbildung abgesehen, so daß nur mit der Kammer am Orte der Zulassungs- und Prüfungsstelle zu verhandeln ist; dieser bleibt es jedoch überlassen, ihrerseits Verhandlungen mit den Kammern zu führen, die an der Errichtung der Zulassungs- und Prüfungsstelle besonderes Interesse nehmen. Dabei steht es Bewerbern aus den Bezirken solcher Kammern — und auch der Kammer des Ortes der Zulassungs- und Prüfungsstelle — frei, ihre Bewerbung einer anderen Zulassungs- und Prüfungsstelle überweisen zu lassen.

Der Charakter der Zulassungs- und Prüfungsstellen kann zu Zweifeln Anlaß geben, da die Stellen nicht unmittelbar durch Gesetz mit Korporationsrechten ausgestattet sind. Dennoch dürfte nach der Ländervereinbarung nicht daran zu zweifeln sein, daß sie, da sie öffentlich-rechtliche Funktionen ausüben, als Körperschaften des öffentlichen Rechts wie die Handelskammern zu betrachten sind, bei denen sie errichtet wurden. Deshalb unterliegen sie auch derselben staatlichen Aufsicht.

[4] Hier bedarf die Ländervereinbarung einer Ergänzung. Die Länderkonferenz hat unter Vorsitz des Reichswirtschaftsministers die Bestimmungen über die Zulassungs- und Prüfungsstellen genehmigt und damit auch § 3 Abs. 3 dieser Bestimmungen, wonach der Zulassungsausschuß das Recht der Zuwahl hat. Es können deshalb auch Vertreter von Handwerks- und Landwirtschaftskammern zugewählt werden. Ebenso hat die Länderkonferenz die Anordnung des Pr. Handelsministers gutgeheißen, wonach ein Vertreter der provinziellen Städtetage dem Zulassungsausschuß angehören soll. Die Bestimmung in Nr. 1 hat deshalb keinen ausschließlichen Charakter, da sie nicht erschöpfend ist.

wesens[1], sowie aus einem Beauftragten der Landesregierung oder je einem Beauftragten der beteiligten Landesregierungen[2] zusammen. Die Zahl der Zulassungs- und Prüfungsstellen soll nach Möglichkeit beschränkt werden[3].

2. Bei jeder Zulassungs- und Prüfungsstelle werden nach Maßgabe der Vorschläge der Hauptstelle ein Zulassungsausschuß und ein Prüfungsausschuß oder mehrere Prüfungsausschüsse gebildet[4].

3. Meldungen für die Prüfung zum öffentlich bestellten Wirtschaftsprüfer sind durch die für den Wohnsitz des Anwärters[5] zuständige Industrie- und Handelskammer an die zuständige Zulassungs- und Prüfungsstelle zu richten[6]. Über die Zulassung zur Prüfung entscheidet der Zulassungsausschuß[7, 8].

---

[1] Der Beruf wird jetzt durch das Institut der Wirtschaftsprüfer, Geschäftsstelle Berlin W. 8, Taubenstraße 34, Fernspr. Jäger A 13793, vertreten.

[2] Die Hessische Regierung hat für die Zulassungs- und Prüfungsstelle in Frankfurt a. M. neben dem preußischen Staatskommissar einen Beauftragten bestellt. Die Preuß. Regierung hat bis auf weiteres darauf verzichtet, für die Stelle Hamburg, die auch die Provinz Schleswig-Holstein mitbetreut, einen Staatskommissar zu ernennen. Ebenso haben Oldenburg und die beiden Lippe für Münster i. W. und die beiden Mecklenburg für Berlin bisher keinen Staatskommissar bestellt.

[3] Es wäre zu wünschen, daß die bisherige Zahl 12, die vollkommen auszureichen scheint, nicht überschritten würde.

[4] Die Zulassungs- und Prüfungsstelle gibt nur den Rahmen für die Tätigkeit des Zulassungs- und des Prüfungsausschusses her. Auf ihnen ruht das Schwergewicht der Arbeit. Beide können gelegentlich zusammentreten, doch nur zur Besprechung organisatorischer Fragen und zur gegenseitigen Unterrichtung. Ihre Aufgaben sind im übrigen streng getrennt.

Die Worte „nach Maßgabe der Vorschläge der Hauptstelle" haben keine erhebliche praktische Bedeutung. Denn jede Stelle muß einen Zulassungs- und mindestens einen Prüfungsausschuß haben. Ob mehrere Prüfungsausschüsse zu bilden sind, richtet sich nach dem örtlichen Bedürfnis. Der Vorschlag der Hauptstelle könnte sich nur an die Landesregierung richten, da sie gemäß Nr. 1 allgemein zuständig ist.

[5] Richtiger hätte es hier Bewerber geheißen; denn der Anwärter ist gemäß Nr. 4 der zur Prüfung zugelassenen Bewerber; s. auch B. II. 2. § 6.

[6] Die Einschaltung der Industrie- und Handelskammer ist von erheblicher Bedeutung; vgl. B. II. 2. § 4 Abs. 2 u. § 6. Sie überwacht auch die Tätigkeit des Wirtschaftsprüfers; s. unten III. Die Kammer berät in der Regel vor Erstattung ihres Gutachtens den Fall in einer Kommission. Hält sie die Bewerbung für aussichtslos, so kann sie den Bewerber zur Zurücknahme seines Gesuchs veranlassen. Besteht er auf Weitergabe, so muß sie seinem Antrag folgen. Auf Beschwerde des Bewerbers entscheidet die Aufsichtsbehörde der Kammer, s. A. 4.

An Stelle der Industrie- und Handelskammer kann die Landwirtschafts- oder die Handwerkskammer das Gesuch der Bewerber entgegennehmen; sie muß sich jedoch mit der Industrie- und Handelskammer in Verbindung setzen, deren Gutachten entscheidend bleibt.

[7] Über die Praxis in den Zulassungsausschüssen vgl. A. 2a und 3. Die Form der Zulassung ist in der Übergangszeit eine Dreifache; sie kann erfolgen:

a) zur mündlichen Prüfung,

b) zur mündlichen Prüfung und zu den beiden Klausurarbeiten,

c) zur vollen Fachprüfung.

Der Zulassungsausschuß kann den Prüfungsausschuß ermächtigen, bei gutem Ausfall der mündlichen Prüfung von der Abfassung der Klausurarbeiten abzusehen; er kann ihn auch ermächtigen, bei nicht voll ausreichendem Ausfall der mündlichen Prüfung und der Klausurarbeiten die Hausarbeit anfertigen zu lassen; die Ermächtigung kann auch dahin gehen, die Hausarbeit durch Vorlegung einer schon früher angefertigten Arbeit ersetzen zu lassen. Gibt der Zulassungsausschuß keine Ermächtigung, so kann er sich über jeden Abschnitt der Prüfung berichten lassen und selbst die weitere Entscheidung treffen. Ohne eine ausdrückliche Ermächtigung des Zulassungsausschusses kann der Prüfungsausschuß nur von der mündlichen Prüfung in einzelnen Fächern gemäß Nr. 3 Abs. 3 der Prüfungsordnung befreien. Eine Befreiung von der gesamten Prüfung durch den Zulassungsausschuß ist nach der Übergangsregelung zwar statthaft, sie soll sich aber auf ganz besondere Ausnahmefälle beschränken. Zum

4. Die Zulassungs- und Prüfungsstelle teilt die zur Prüfung zugelassenen Anwärter der für die Bestellung zuständigen Stelle sowie der Hauptstelle rechtzeitig, mindestens zwei Wochen vor dem Prüfungstermin, mit [1].

5. Die Zulassungs- und Prüfungsstelle bestimmt den Termin für die Prüfung und, wenn mehrere Prüfungsausschüsse vorhanden sind, den zuständigen Prüfungsausschuß [2]. Die Hauptstelle hat das Recht, einen Vertreter ohne Stimmrecht zur Teilnahme an den Prüfungen zu entsenden [3].

6. Die Prüfungsausschüsse setzen sich zusammen aus:

Vertretern der zuständigen Industrie- und Handelskammern [4],

Vertretern des Berufs der Wirtschaftsprüfer, die von dem Institut für das Revisions- und Treuhandwesen im Benehmen mit den zuständigen Industrie- und Handelskammern zu benennen sind,

sowie mindestens einem Dozenten der Betriebswirtschaftslehre [5] und

einem Beauftragten der Landesregierung oder je einem Beauftragten der beteiligten Landesregierungen.

Wenigstens ein Mitglied des Prüfungsausschusses soll die Befähigung zum Richteramt oder höheren Verwaltungsdienst haben [6].

7. Das Prüfungsergebnis ist, wenn die Prüfung bestanden worden ist, an die für die Bestellung zuständige Stelle weiterzuleiten.

8. Die Geschäftsführung für die Zulassungs- und Prüfungsstellen liegt bei den Industrie- und Handelskammern, an deren Sitz sie errichtet sind [7].

---

mindesten sollte auch in diesen Fällen durch Abhaltung eines Kolloquiums festgestellt werden, ob der Anwärter mit den Aufgaben des Wirtschaftsprüfers vertraut ist.

[8] Die Ablehnung der Zulassung erfolgt entweder in der Form der Zurückstellung; damit will der Zulassungsausschuß zum Ausdruck bringen, daß er den Bewerber nicht grundsätzlich für ungeeignet hält, sondern wegen bestimmter Gründe nur jetzt seine Zulassung noch nicht beschließen will, oder sie erfolgt als grundsätzliche Ablehnung. Auch der Abgelehnte kann sich von neuem nach einem Jahr um die Zulassung bewerben; er wird jedoch nur dann auf Erfolg rechnen können, wenn er neue Tatsachen mitteilt, die eine andere Beurteilung seiner Bewerbung zulassen. Auf die Mitteilung der Ablehnungsgründe hat der Abgelehnte keinen Anspruch. Doch kann der Vorsitzende oder der Geschäftsführer vom Ausschuß im einzelnen Fall oder generell ermächtigt werden, solche mitzuteilen. Die Ablehnungsgründe müssen in das Sitzungsprotokoll aufgenommen werden, ebenso die Gründe der Zurückstellung. Wegen der Beschwerde über die Zurückstellung und Ablehnung s. A 4; sie geht an die Aufsichtsbehörde, in Preußen an den Minister für Handel und Gewerbe. Eine formelle Beschwerde gibt es nicht.

[1] Die Mitteilung erfolgt, damit eine Teilnahme an dem Prüfungstermine möglich ist.

[2] Die Bestimmung des Termins kann dem Prüfungsausschuß überlassen werden.

[3] Auch die Hauptstelle soll sich davon überzeugen können, daß die Prüfungen ordnungsgemäß abgehalten wurden und gleichwertig mit den übrigen Prüfungen sind.

[4] Vgl. Anm. II A 2. wegen der zuständigen Kammer. Auch Vertreter von Landwirtschafts- und Handwerkskammern kommen bei Prüfungen von Personen, die überwiegend für die von ihnen vertretenen Wirtschaftszweige tätig sein wollen, in Frage.

[5] Die Vereinigung der Dozenten der Betriebswirtschaftslehre hat den Wunsch geäußert, jedesmal durch zwei Dozenten der Betriebswirtschaftslehre vertreten zu sein, da bei dem Umfang dieser Materie in der Regel eine Zweiteilung nötig sei. Für die Beauftragten (Staatskommissare) gilt dasselbe wie bei der Hauptstelle.

[6] Unter Zustimmung der Länderkonferenz ist in Preußen auch ein Vertreter der Provinzialverbände der Kommunen in die Zulassungs- und Prüfungsstelle eingetreten. Es unterliegt keinem Bedenken, einen solchen Vertreter auch für den Prüfungsausschuß, vor allem dann zuzulassen, wenn die Pflichtrevision der öffentlichen Betriebe den Wirtschaftsprüfern vorbehalten wird.

[7] Vgl. I [4]. Für die Geschäftsführung gilt das gleiche wie bei der Hauptstelle.

B. Bestellung.

1. Auf Grund der bestandenen Prüfung wird der Anwärter von der Landesregierung oder der von dieser damit beauftragten Stelle[1] durch Vereidigung zum öffentlich bestellten Wirtschaftsprüfer bestellt, es sei denn, daß der Nachweis einer ordnungsmäßig und erfolgreich abgelegten Prüfung im Sinne der Grundsätze unter A nicht geführt werden kann, oder daß die für die Zulassung zur Prüfung geltenden Grundsätze offensichtlich verletzt worden sind[2]. Die Bestellung soll in der Regel nicht später als drei Monate nach bestandener Prüfung erfolgen[3]. Die Eidesformel lautet:

„Ich schwöre, daß ich die Aufgaben und Pflichten eines öffentlich bestellten Wirtschaftsprüfers gewissenhaft und unparteiisch erfüllen, Verschwiegenheit bewahren[4] und die von mir verlangten Gutachten gewissenhaft und unparteiisch erstatten werde."

2. Die Bestellung erfolgt in allen Fällen unter Vorbehalt des Widerrufs, für dessen Ausübung die Grundsätze unter IV maßgebend sein sollen[5].

3. Erscheint der Anwärter an dem zur Eidesleistung bestimmten Termin nicht, dann wird ein neuer Termin zur Eidesleistung nur auf seinen besonderen Antrag bestimmt. Sind seit der Prüfung mehr als zwei Jahre verstrichen, dann soll die Bestellung nur erfolgen, wenn der Umstand, der eine frühere Bestellung verhindert hat, von dem Anwärter nicht zu vertreten ist[6].

4. Die auf Grund der vorstehenden Bestimmungen öffentlich bestellten Wirtschaftsprüfer werden der Hauptstelle und dem Institut für das Revisions- und Treuhandwesen mitgeteilt. Die Hauptstelle trägt die öffentlich bestellten Wirtschaftsprüfer in eine Liste ein[7].

---

[1] Vgl. II Anm. 1.

[2] Die Nichtbestellung eines mit Erfolg geprüften Anwärters soll zu den Ausnahmen gehören. Insbesondere sollen politische Gründe auf die Nichtbestellung keinen Einfluß haben. Ob die Prüfung ordnungsmäßig war, wird in der Regel davon abhängen, daß die dafür bestehenden Bestimmungen beobachtet sind. Das gleiche gilt für die Zulassung zur Prüfung. Hält der Staatskommissar die Grundsätze für die Zulassung oder die Prüfung für verletzt, so hat er der Landesregierung hierüber zu berichten. Im Übrigen enthält der Ausdruck „wird . . . . bestellt" keine Mußbestimmung, da neue Umstände die Bestellung verhindern, oder da der Anwärter selbst den Wunsch haben kann, von der alsbaldigen Bestellung abzusehen. Der in einer Prüfungsgesellschaft tätige Anwärter wird z. B. dann von der Bestellung absehen, wenn in der Gesellschaft kein Platz mehr für einen weiteren Wirtschaftsprüfer ist. Der Fall kann aber auch so liegen, daß die Prüfungsgesellschaft nicht eingetragen werden kann, dann darf auch der in ihr tätige Anwärter nicht bestellt werden, weil die Führung der Bezeichnung „öffentlich bestellter Wirtschaftsprüfer" der von ihm geführten Gesellschaft auch dann zugute kommt, wenn diese nicht eingetragen ist.

[3] Auch durch diese Bestimmung soll auf die bestellende Stelle ein Druck zur Bestellung ausgeübt werden. Die Worte „in der Regel" lassen jedoch besonders in den in vorstehender Anm. genannten Fällen Ausnahmen zu. Ob ein Anwärter, der die Prüfung ordnungsmäßig und erfolgreich abgelegt hat, aber nicht bestellt werden möchte noch nach Jahren bestellt werden kann, wird im wesentlichen von seiner Betätigung in der Zwischenzeit abhängen. Die in Nr. 3 erwähnte zweijährige Frist setzt eine tatsächliche Behinderung voraus, dürfte deshalb hier nicht ohne weiteres anwendbar sein.

[4] „Verschwiegenheit bewahren" ist nachträglich eingefügt, um zum Ausdruck zu bringen, wie sehr es hierauf ankommt. Auch von dem Bilanzprüfer verlangt das Gesetz ausdrücklich Verschwiegenheit und stellt ihre Verletzung sogar unter Strafe (§ 318 a HGB.).

[5] Im Übrigen ist für die Bestellung keine Form vorgeschrieben. In Preußen lautet die Bestallungsurkunde: „Herr . . . . . wird unter Vorbehalt des Widerrufs zum Wirtschaftsprüfer öffentlich bestellt. Nach der Vereinbarung der deutschen Länder gilt diese Bestallung für das ganze Reich."

[6] Vgl. Anm. 3 zu B.

[7] Gleichlautende Listen werden in den Ländern und in den Zulassungs- und Prüfungs-

III. Überwachung.

Die für den Wohnsitz des öffentlich bestellten Wirtschaftsprüfers zuständige Industrie- und Handelskammer hat seine Tätigkeit zu überwachen[1]. Im Falle der Verlegung der beruflichen Niederlassung hat der Wirtschaftsprüfer eine Anzeige an die für den neuen Niederlassungsort zuständige Industrie- und Handelskammer zu erstatten[2, 3].

IV. Widerruf der Bestellung.

1. Die Bestellung kann von der für sie zuständigen Stelle widerrufen werden, wenn eine der notwendigen Voraussetzungen der Bestellung[4] weggefallen ist oder wenn die Unrichtigkeit der Nachweise über die abgelegte Prüfung dargetan wird.

2. Die Bestellung kann von der Landesregierung oder der von ihr beauftragten Stelle ferner widerrufen werden, wenn die zuständige Zulassungs- und Prüfungsstelle feststellt, daß dem öffentlich bestellten Wirtschaftsprüfer die für die Ausübung dieses Berufs erforderliche Zuverlässigkeit im Sinne der Grundsätze der Hauptstelle fehlt. Die Zulassungs- und Prüfungsstelle trifft ihre Feststellung auf Grund mündlicher Verhandlung, bei der dem öffentlich bestellten Wirtschaftsprüfer Gehör zu gewähren ist. Von dem Termin ist der für die Bestellung zuständigen Stelle sowie der Hauptstelle unter Angabe des Sachverhalts rechtzeitig vorher Mitteilung zu machen. Beide Stellen können Vertreter zur Teilnahme an der Verhandlung entsenden[5].

3. In den Fällen der Ziffer 2 teilt die Zulassungs- und Prüfungsstelle das Verhandlungsergebnis der für den Widerruf zuständigen Stelle mit. Diese kann von der Ausübung des Widerrufs absehen; sie hat in diesem Falle entweder den Sachverhalt zur nochmaligen Verhandlung an die Zulassungs- und Prüfungsstelle zurückzuverweisen oder eine andere Zulassungs- und Prüfungsstelle um die nochmalige Verhandlung zu ersuchen. Wird auf Grund der wiederholten Verhandlung

---

stellen geführt. Daneben führen diese Stellen auch Listen für die eingetragenen Prüfungsgesellschaften. Da für diese keine formelle Bestellung vorgesehen ist, müssen die Zulassungs- und Prüfungsstellen von jeder Eintragung der Landesregierung und der Hauptstelle Mitteilung machen. Vgl. II 2. § 11 Abs. 2. der Bestimmungen für die Zulassungs- und Prüfungsstellen.

[1] Vgl. § 9 in II. 2. Die dort vorgesehenen Grundsätze sind noch nicht erlassen.

[2] Nachträglich eingefügt. Die Anzeige genügt auch dann, wenn der Niederlassungsort in einem anderen Lande liegt.

[3] Der Wirtschaftsprüfer kann ein Siegel (Namens- oder Firmensiegel) führen. Er dürfte von den Vorschriften gemäß Ziff. 11 der Verordnung über Personen, die fremde Rechtsangelegenheiten besorgen, befreit sein. Da der Wirtschaftsprüfer auch als Angehöriger eines freien Berufes zu den Gewerbetreibenden gezählt werden kann (§ 36 Abs. 3 G. O.) dürfte er von der polizeilichen Anmeldepflicht nicht zu befreien sein.

[4] Die Voraussetzungen ergeben sich aus den Zulassungsbedingungen. Ist die Bestallungsurkunde schon ausgestellt, aber noch nicht ausgehändigt, so bedarf es keines formellen Widerrufs.

[5] Vgl. II 2. § 10. Die dort vorgesehenen Richtlinien sind noch nicht erlassen. Zuständig ist der Zulassungsausschuß. Die Tatsache, daß nicht nur der Wirtschaftsprüfer zu laden, sondern auch der für die Bestellung zuständigen Stelle, also in der Regel dem Minister, und der Hauptstelle unter Angabe des Sachverhalts rechtzeitig von dem Termin Mitteilung zu machen ist, stempelt die Verhandlung des Zulassungsausschusses zu einer besonderen Verhandlung, in der mit derselben Sorgfalt, wie etwa in einer Sitzung des Disziplinargerichtshofs, zu verfahren ist. Es empfiehlt sich deshalb Bestellung eines Referenten und eines Korreferenten, sowie genaue Protokollierung. Ob es solchen förmlichen Verfahrens auch dann bedarf, wenn die Bestallungsurkunde zwar ausgestellt, aber noch nicht ausgehändigt ist, kann zweifelhaft sein. Da die Nichtaushändigung dem Widerruf im wesentlichen gleichsteht, dürfte in Zweifels-

die auf Grund der ersten Verhandlung getroffene Feststellung bestätigt, dann wird die Bestellung von der zuständigen Stelle widerrufen[1].

V. Übergangsregelung.

Während einer Übergangszeit, die nicht länger als bis zum 31. Dezember 1935 dauern soll, können Personen auch ohne Ablegung einer Prüfung im Sinne der Grundsätze unter II A zu öffentlich bestellten Wirtschaftsprüfern bestellt werden, wenn sie durch ihre bisherige Tätigkeit und ihre Leistungen den Nachweis erbringen, daß sie die für die Ausübung des Berufes eines öffentlich bestellten Wirtschaftsprüfers erforderliche sachliche und persönliche Eignung besitzen[2]. Die Bestellung erfolgt in solchen Fällen nur, wenn die Person nach Maßgabe der Grundsätze der Hauptstelle von der zuständigen Zulassungs- und Prüfungsstelle zur Bestellung vorgeschlagen wird. Die Bestellung soll nur abgelehnt werden, wenn die in Satz 2 enthaltene Voraussetzung nicht vorliegt[3].

Diese Regelung gilt auch für die gesetzlichen Vertreter von Treuhand- und Revisionsgesellschaften.

VI. Geltungsbereich.

Die nach Maßgabe der Grundsätze unter I.—V. öffentlich bestellten Wirtschaftsprüfer sind berechtigt, ihre Tätigkeit innerhalb des ganzen Reichsgebiets auszuüben[4].

II. Bestimmungen der Hauptstelle.

1. Satzung der Hauptstelle für die öffentlich bestellten Wirtschaftsprüfer.

§ 1. Errichtung.

Die Hauptstelle für die öffentlich bestellten Wirtschaftsprüfer wird bei der Gesamtvertretung der Industrie- und Handelskammern, dem Deutschen Industrie- und Handelstag, errichtet, der die Geschäftsführung übernimmt[5].

§ 2. Zusammensetzung.

1. Die Hauptstelle setzt sich aus Vertretern der Spitzenverbände der beteiligten Wirtschaftskreise, der Berufsverbände des Revisions- und Treuhandwesens und der

---

fällen auch hier eine Stellungnahme des Zulassungsausschusses herbeizuführen sein; anderenfalls würde sich die Landesregierung mit B. Nr. 1 in Widerspruch setzen.

[1] Wegen der Bedenken gegen diese Regelung vgl. Allg. Teil Nr. 7.

[2] Die Hauptstelle hat diese Übergangszeit zunächst nur bis zum 31. Dezember 1932 bemessen; vgl. II 3. III. Aber auch diese Einschränkung erscheint manchen, die jeden der Fachprüfung oder wenigstens der erleichterten Prüfung unterziehen möchten, noch zu weitgehend. Ferner hatte die Hauptstelle für die Befreiung von der Fachprüfung zunächst das 35. Lebensjahr zur Voraussetzung gemacht und hat erst später in besondern Fällen Vollendung des 30. Lebensjahres für ausreichend erachtet.

[3] Vgl. II B. 1 Anm. 2, 3. Die Bestimmung ist nur eine Sollbestimmung. Sie besagt im wesentlichen dasselbe wie II B. 1.

[4] Dieser Grundsatz der sachlichen Freizügigkeit wird ergänzt durch die persönliche Freizügigkeit, die es jedem Wirtschaftsprüfer gestattet, seinen Wohnsitz an einen anderen Ort des Reiches, auch wenn der Ort in einem anderen Lande liegt, zu verlegen, ohne daß seine Bestallung verloren geht. Auch bei Verlegung seines Wohnsitzes ins Ausland verliert er seine Bestallung nicht. II 3 I a) Ziff. 1 der Zulassungsbedingungen erfordert lediglich für den Antragsteller Wohnsitz in Deutschland. Da wir auf die volle Gleichberechtigung mit den Ausländern auch im Auslande Wert legen müssen, verliert der deutsche Wirtschaftsprüfer erst mit der Aufgabe seiner Staatsangehörigkeit die Rechte aus seiner Bestallung.

[5] Vgl. I Anm. 3, 4.

Zulassungs- und Prüfungsstellen zusammen; sie kann Vertreter kommunaler Spitzenverbände zuwählen [1].

2. Die Reichsregierung kann sich durch Beauftragte in der Hauptstelle vertreten lassen. Das gleiche gilt für die Landesregierungen. Die Zahl der Beauftragten der Landesregierungen soll insgesamt nicht mehr als 6 betragen.

§ 3. Benennung der Vertreter.

1. Die Vertreter der Wirtschaft werden benannt von
dem Deutschen Industrie- und Handelstag,
dem Reichsverband der Deutschen Industrie,
dem Centralverband des Deutschen Bank- und Bankiergewerbes;
dem Reichsverband des Deutschen Groß- und Überseehandels,
der Hauptgemeinschaft des Deutschen Einzelhandels,
dem Reichsverband der Privatversicherung,
dem Deutschen Handwerks- und Gewerbekammertag,
dem Deutschen Landwirtschaftsrat.

2. Die Vertreter des Berufs werden von den von der Hauptstelle anerkannten Organisationen des Berufs der Wirtschaftsprüfer, bis auf weiteres von dem Institut für das Revisions- und Treuhandwesen benannt [2].

3. Die Hauptstelle kann Vertreter weiterer Organisationen zulassen und sonstige geeignete sachkundige Personen hinzuziehen [3].

§ 4. Aufgaben.

Die Hauptstelle hat

1. bei der Errichtung von Zulassungs- und Prüfungsstellen mitzuwirken und für deren Zusammensetzung Richtlinien aufzustellen [4];
2. die Zulassungsbedingungen und die Prüfungsordnung für Wirtschaftsprüfer sowie hinsichtlich der an die persönliche und sachliche Eignung zu stellenden Ansprüche Grundsätze für den Widerruf und den Verlust der Bestellung aufzustellen [5];
3. für eine gleichmäßige und sachgemäße Handhabung der Grundsätze durch die Zulassungs- und Prüfungsstellen Sorge zu tragen;
4. Grundsätze für die Überwachung der Wirtschaftsprüfer aufzustellen [6];
5. Grundsätze über den Begriff der selbständigen und hauptberuflichen Tätigkeit als Wirtschaftsprüfer aufzustellen [7];
6. ein Verzeichnis der öffentlich bestellten Wirtschaftsprüfer und der die Wirtschaftsprüfertätigkeit ausübenden Gesellschaften zu führen [8].

---

[1] Vgl. I 2 Anm. 3.

[2] Jetzt das Institut der Deutschen Wirtschaftsprüfer.

[3] Die Hauptstelle hat Wert darauf gelegt, die Zahl der beteiligten Organisationen zu beschränken. Hierbei hat sie streng an der Dreiteilung: Vertreter des Staates, der Wirtschaft und des Berufs festgehalten. Selbst bei dem Verein Deutscher Ingenieure und dem Deutschen Anwaltverein hat sie keine Ausnahme gemacht; ihre Vertetung ist jedoch dadurch ermöglicht, daß die Ingenieure und Anwälte innerhalb des Instituts eine besondere Gruppe bilden, die über das Institut ihre Vertreter in die Hauptstelle entsenden. Nur auf diese Weise war es möglich, die vielseitigen Vertretungswünsche, denen nur selten eine sachliche Berechtigung zukam, abzuwehren. Die Hauptstelle hat rund 50 Mitglieder.

Die Gewerkschaften haben bisher als Vertreter der Wirtschaft noch keinen Sitz in der Hauptstelle. Auch die Dozenten der Hochschulen haben als „sachkundige Personen" bedauerlicherweise bisher noch keinen Sitz; doch soll ihnen dieser nach dem Wunsche der Länderkonferenz gewährt werden.

[4] Vgl. I, II, A Anm. 2.

[5] Dies ist geschehen bis auf die Aufstellung der Grundsätze für den Widerruf und den Verlust der Bestellung.

[6] Noch nicht geschehen. [7] Ist geschehen. [8] Ist angelegt.

§ 5. Ausschüsse.

Die Hauptstelle kann für die einzelnen Aufgaben des § 4 besondere Ausschüsse bilden und hierbei im Einzelfall Vertreter der jeweils beteiligten Industrie- und Handelskammern und wirtschaftlicher Verbände sowie Vertreter der Betriebswirtschaftslehre hinzuziehen. Das Nähere regelt die Geschäftsordnung [1].

2. Errichtung und Verfahren der Zulassungs- und Prüfungsstellen für die öffentlich bestellten Wirtschaftsprüfer.

§ 1. Errichtung der Zulassungs- und Prüfungsstellen.

1. Zulassungs- und Prüfungsstellen können für größere Bezirke[2] von den Landesregierungen im Benehmen mit der Hauptstelle und den beteiligten Industrie- und Handelskammern errichtet werden. Sie bilden einen Zulassungsausschuß und einen oder mehrere Prüfungsausschüsse nach Maßgabe der Vorschläge der Hauptstelle [3].

2. Soweit in den nachfolgenden Bestimmungen den Zulassungs- und Prüfungsstellen Aufgaben zugewiesen werden, sind für ihre Erledigung die Zulassungsausschüsse zuständig. Die Zuständigkeit der Prüfungsausschüsse bleibt unberührt [4].

§ 2. Aufgaben der Zulassungs- und Prüfungsstellen.

Die Zulassungs- und Prüfungsstelle hat

1. einen Vertreter in die Hauptstelle zu entsenden,
2. bei dem Verfahren über den Widerruf der Bestellung mitzuwirken.

§ 3. Zusammensetzung des Zulassungsausschusses.

1. Der Zulassungsausschuß setzt sich zusammen aus Vertretern

1. der zu dem Bezirk [5] gehörigen Industrie- und Handelskammern,
2. des Berufes der Wirtschaftsprüfer, die von den anerkannten Organisationen, bis auf weiteres von dem Institut für das Revisions- und Treuhandwesen, im Benehmen mit der Industrie- und Handelskammer, welche die Geschäfte der Zulassungs- und Prüfungsstelle führt, möglichst aus dem Bezirk der Zulassungs- und Prüfungsstelle zu benennen sind.

2. Die beteiligten Landesregierungen können sich durch je einen Beauftragten im Zulassungsausschuß vertreten lassen[6].

3. Der Zulassungsausschuß hat das Recht der Zuwahl [7].

---

[1] Eine Geschäftsordnung ist bisher nicht erlassen. In der Hauptstelle ist bisher nur der Arbeitsausschuß gebildet; daneben gibt es Ausschüsse für Einzelfragen.

[2] Die Worte „für größere Bezirke" entsprechen nicht der Ländervereinbarung. In Preußen ist von der Bezirksbildung abgesehen; vgl. I, II, Anm. 3.

[3] Bisher hat nur die Zul.- u. Prüf.-Stelle Münster 2 Prüfungsausschüsse gebildet.

[4] Zulassungs- und Prüfungsausschuß bilden nicht zusammen die Zulassungsstelle, sondern der Zulassungsausschuß nimmt die Aufgaben der Zul. u. Prüf.-Stelle wahr und der Prüfungsausschuß ist ein Organ dieser Stelle d. h. des Zulassungsausschusses. Diese leicht zu Mißverständnissen führende Regelung ist in der Länderkonferenz dadurch herbeigeführt worden, daß ein Beschluß Annahme fand, der innerhalb der Zul. u. Prüf.-Stelle einen kleinen Zulassungsausschuß bilden wollte. Die Praxis zeigte, daß die verantwortlichen Aufgaben des Zulassungsausschusses von der gesamten Zul.- u. Prüf.-Stelle wahrgenommen werden mußten. Deshalb wurden Stelle und Ausschuß gleichgesetzt.

[5] Vgl. § 1 Anm. 6.

[6] In Preußen sind außerdem Vertreter der provinziellen Städtetage in der Zulassungs- und Prüfungsstelle.

[7] Hier kommen insbesondere Dozenten der Hochschule in Frage.

§ 4. Aufgaben des Zulassungsausschusses.

1. Der Zulassungsausschuß hat

1. über die Zulassung zur Fachprüfung auf Grund der Zulassungsbedingungen der Hauptstelle zu beschließen;
2. die Fachprüfung vor dem zuständigen Prüfungsausschuß auf Grund der Prüfungsordnung der Hauptstelle zu veranlassen, wenn die erforderlichen Voraussetzungen vorliegen;
3. die Namen der zur Prüfung zugelassenen Bewerber der für die Bestellung zuständigen Stelle sowie der Hauptstelle rechtzeitig, mindestens zwei Wochen vor dem Prüfungstermin, mitzuteilen[1];
4. bei Meldungen von Gesellschaften zur Eintragung in die durch die Hauptstelle gemäß § 11 zu führende Liste der die Wirtschaftsprüfertätigkeit ausübenden Gesellschaften (Gesellschaftsliste) zu entscheiden, ob die Voraussetzungen der Zulassungsbedingungen II vorliegen, und die Eintragung in die Gesellschaftsliste zu veranlassen[2].

2. Will der Zulassungsausschuß von einem ablehnenden Gutachten der Industrie und Handelskammer, bei der sich der Bewerber gemeldet hat, abweichen, so hat er hierüber mit Dreiviertelmehrheit zu beschließen[3].

3. Während der Übergangszeit kann der Zulassungsausschuß von der nach I b Nr. 2 der Zulassungsbedingungen erforderlichen Fachprüfung nach Maßgabe der in den Zulassungsbedingungen (III) festgelegten Übergangsregelung befreien[4].

§ 5. Gebühren.

1. Zugleich mit der Anmeldung an die zuständige Industrie- und Handelskammer (§ 6) ist eine Anmeldegebühr von 20 RM. zu entrichten[5].

2. Die Zulassungs- und Prüfungsgebühr beträgt 400 RM.; hiervon sind 200 RM. vor der Einleitung des Zulassungsverfahrens und 200 RM. vor dem Termin der mündlichen Prüfung an die geschäftsführende Industrie- und Handelskammer (§ 6) zu zahlen[6].

---

[1] Diese Mitteilung ist von geringem praktischen Wert.

[2] Dabei ist auch die Mitteilung an die Landesregierung notwendig.

[3] Ursprünglich hieß es „von dem Gutachten". Das Gutachten wird auf Grund der Selbstverwaltungsbefugnisse der Kammer erstattet. Es kann deshalb im Aufsichtswege nicht angefochten werden. Wegen der Beschwerde über die Stellungnahme der Kammer vgl. Allg. Teil, Nr. 4.

[4] Vgl. I, II.

[5] Die Anmeldegebühr fließt der Kammer zu.

[6] Durch Beschluß der Länderkonferenz ist die Gebühr vorläufig bis zum 1. April 1932 auf 200 RM. festgesetzt. Eine Gebühr von 400 RM. erschien besonders mit Rücksicht auf die Preis- und Gebührensenkung zu hoch. Doch dürften 200 RM. kaum ausreichen; um die Kosten der Zulassungs- und Prüfungsstelle zu decken. Voraussichtlich wird eine Gebühr vom 300 RM. vom 1. April 1932 ab beschlossen werden, wovon zweckmäßig 100 RM. dem Zulassungs- und 200 RM. dem Prüfungsausschuß vorbehalten werden.

Der von der Handelskammer dem Zulassungsausschuß überwiesene Bewerber hat die Hälfte der Gebühr auch dann zu zahlen, wenn er nicht zur Prüfung zugelassen wird; deshalb ist die ursprüngliche Fassung „bei der Zulassung zur Prüfung" in „vor der Einleitung des Zulassungsverfahrens" abgeändert worden. Hieraus ergibt sich für die Kammer die Verpflichtung, sorgfältig zu prüfen, ob der Anwärter nach den Bestimmungen überhaupt zugelassen werden kann, und ihn auf die Zahlungsverpflichtung rechtzeitig hinzuweisen. Bei Kammern mit zahlreichen Bewerbungen dürfte es sich empfehlen, diese Vorprüfung durch eine kleine Kommission vornehmen zu lassen. Es kann nur zu Mißstimmungen führen, wenn Bewerber kurzer Hand und ohne Begründung nach Zahlung der halben Gebühr durch den Zulassungsausschuß abgewiesen werden. Vgl. Allg. Teil Nr. 4.

3. Über die Verwendung der Zulassungs- und Prüfungsgebühr beschließt die Zulassungs- und Prüfungsstelle[1].

4. Auf Antrag des Prüflings ist die zweite Rate der Zulassungs- und Prüfungsgebühr zurückzuzahlen, wenn er vor der mündlichen Prüfung zurücktritt[2].

5. Eine Rückerstattung der Prüfungsgebühr kommt nicht in Frage, wenn die Prüfung nicht bestanden ist oder der Prüfling nach den schriftlichen Arbeiten zurückgewiesen wird[3].

§ 6. Meldung der Bewerber.

Meldungen für die Bestellung zum Wirtschaftsprüfer und zur Eintragung in die durch die Hauptstelle zu führende Gesellschaftsliste sind bei der für den Bewerber zuständigen Industrie- und Handelskammer einzureichen. Zuständig ist die Industrie- und Handelskammer, in deren Bezirk der Bewerber während der letzten zwei Jahre vorwiegend seinen beruflichen Wohnsitz gehabt hat. Die Industrie- und Handelskammer hat die Meldung unter Beifügung eines Gutachtens an die zuständige Zulassungs- und Prüfungsstelle weiterzureichen[4].

§ 7. Zusammensetzung des Prüfungsausschusses.

1. Jeder Prüfungsausschuß besteht aus 7 Mitgliedern und 7 Stellvertretern[5], und zwar aus

2 Vertretern der Wirtschaft des Bezirks, zu benennen von der geschäftsführenden Industrie- und Handelskammer; von diesen beiden Vertretern wählt der Prüfungsausschuß einen zum Vorsitzenden. Der Prüfungsausschuß kann jedoch einstimmig ein anderes Mitglied des Prüfungsausschusses zum Vorsitzenden wählen[6];

1 Dozenten der Betriebswirtschaftslehre[7] und

---

[1] Die Gebühr wird zweckmäßig zu $^2/_3$ dem Prüfungsausschuß vorbehalten.

[2] Es kann vorkommen, daß nach abgelegter mündlicher Prüfung einem Anwärter Gelegenheit zum Rücktritt durch den Vorsitzenden des Prüfungsausschusses gegeben wird, um ihm den „Durchfall" zu ersparen. In diesem Fall ist die Gebühr zu zahlen, da der Rücktritt nach der Prüfung erfolgt.

[3] Tritt der Anwärter nach den schriftlichen Arbeiten zurück, so sollte die Gebühr mindestens zur Hälfte der Prüfungsgebühr, also im ganzen zu $^2/_3$, für verfallen erklärt werden.

[4] Zuständig ist in Preußen die Zulassungs- und Prüfungsstelle, die der Bewerber auswählt. Für die Meldung empfiehlt es sich, das von den Zulassungs- und Prüfungsstellen entworfene Schema zu benutzen.

[5] Die Stellvertreter treten nicht nur dann ein, wenn die Mitglieder tatsächlich behindert sind. Um die Mitglieder nicht zu sehr zu belasten, unterliegt es keinem Bedenken, daß sich Mitglieder und Stellvertreter gegenseitig ablösen. Die Bestellung eines zweiten Stellvertreters ist nicht ausgeschlossen.

Mitglieder und Stellvertreter werden durch Handschlag an Eidesstatt seitens des Vorsitzenden des Prüfungsausschusses zur Unparteilichkeit und Verschwiegenheit verpflichtet (s. unten B. VI 2 § 2). Die Verpflichtung zur Verschwiegenheit gilt auch für interessierte Personen, denen es gestattet ist, einer Prüfung beizuwohnen. Die Mitglieder sind nur sich selbst, nicht etwa den Organisationen verantwortlich, die sie entsandt haben; hier gilt dasselbe, wie für die Mitglieder des Zulassungsausschusses und der Hauptstelle.

[6] Um diese Bestimmung ist sehr stark gestritten worden. Während der Vorsitz im Zulassungsausschuß ohne weiteres der geschäftsführenden Kammer zufallen mußte, wurde besonders von den Dozenten der Hochschulen die Ansicht vertreten, daß der Tüchtigste zum Vorsitzenden des Prüfungsausschusses zu wählen sei. Preußen hat dieser Auffassung zugestimmt und sich die Ernennung des Vorsitzenden auf Vorschlag der Zulassungs- und Prüfungsstelle vorbehalten; (Erl. d. Min. f. H. u. Gew. v. 1. August 1931 — VI 5574 —). Diese Abweichung von den Richtlinien konnte erst nachträglich der Länderkonferenz unterbreitet werden; sie wurde zugleich mit der Genehmigung der Richtlinien gebilligt.

[7] Der Wunsch der Dozenten der Betriebswirtschaftslehre, 2 Dozenten in den Prüfungsausschuß zu entsenden, ist bisher von der Hauptstelle nicht berücksichtigt worden.

1 Vertreter der Rechtswissenschaft, der die Befähigung zum Richteramt oder höheren Verwaltungsdienst besitzt, zu ernennen von der Zulassungs- und Prüfungsstelle;

3 Vertreter des Berufs der Wirtschaftsprüfer, die von dem Institut für das Revisions- und Treuhandwesen im Benehmen mit der Industrie- und Handelskammer, die die Geschäfte der Zulassungs- und Prüfungsstelle führt, aus dem Bezirk der Zulassungs- und Prüfungsstelle zu benennen sind.

2. In dem Prüfungsausschuß können sich ferner die beteiligten Landesregierungen durch je einen Beauftragten vertreten lassen[1].

3. Die Hauptstelle für die öffentlich bestellten Wirtschaftsprüfer ist berechtigt, einen Vertreter zu der Prüfung zu entsenden[2].

§ 8.

Nach bestandener Prüfung sind die Akten mit einem Bericht der Zulassungs- und Prüfungsstelle zur Bestellung und Vereidigung des Bewerbers an die zuständige Stelle weiterzuleiten[3].

§ 9. **Überwachung der Wirtschaftsprüfer.**

Die für den beruflichen Wohnsitz des Wirtschaftsprüfers zuständige Industrie- und Handelskammer hat dessen Tätigkeit zu überwachen; hierfür gelten die von der Hauptstelle aufgestellten Grundsätze[4].

§ 10. **Richtlinien für die Durchführung des Widerrufverfahrens.**

Über die Durchführung des Widerrufverfahrens auf Grund der Vereinbarung der Landesregierungen über die öffentliche Bestellung der Wirtschaftsprüfer stellt die Hauptstelle Richtlinien auf[5].

§ 11. **Liste der Wirtschaftsprüfer.**

1. Die auf Grund der vorstehenden Bestimmungen öffentlich bestellten Wirtschaftsprüfer sind von der Hauptstelle in eine Liste einzutragen.

---

[1] Die Stellung des Staatskommissars im Prüfungsausschuß ist bisher durch die Länderkonferenz noch nicht völlig geklärt. In Preußen ist der Staatskommissar Mitglied des Prüfungsausschusses mit allen Rechten und Pflichten. Er bekommt keinen Prüfungsabschnitt überwiesen, ist jedoch berechtigt, durch Fragen das Urteil über den Anwärter zu vertiefen; auch wird er sich hierbei insbesondere davon zu überzeugen haben, ob der Anwärter mit den Rechten und Pflichten des Standes der Wirtschaftsprüfer vertraut ist. Findet eine Einzelabstimmung über den Anwärter statt, so soll sich der Staatskommissar der Abstimmung enthalten, um seine von der Mehrheit abweichende Auffassung g. F. der bestellenden Stelle gegenüber um so wirkungsvoller vertreten zu können.

[2] Der Vertreter wird nur zu der Prüfung, nicht in den Prüfungsausschuß entsandt, ist deshalb nicht Mitglied des letzteren.

[3] Die Akten sind in Preußen durch die Hand des Staatskommissars (Regierungs-Präsident) dem Minister für Handel und Gewerbe einzureichen. Hat der Anwärter in einem anderen Lande seinen beruflichen Wohnsitz, so gehen sie an die Regierung dieses Landes. Die Staatsangehörigkeit ist bei der Bestellung nicht entscheidend, sondern der Wohnsitz. Sonst müßte ein Anwärter mit sächsischer Staatsangehörigkeit, der seit 20 Jahren in Berlin wohnt und dort weiter zu wohnen gedenkt, durch die sächsische Landesregierung bzw. die Stelle bestellt werden, die sie wiederum mit der Bestellung beauftragt. Dadurch entstehen nur unnötige Verzögerungen.

[4] Die Grundsätze sind noch nicht aufgestellt, es kann aber keinem Zweifel unterliegen, daß die Wirtschaftsprüfer anderen Überwachungsmaßnahmen unterliegen, als sie für die übrigen Personen des § 36 GO. für notwendig befunden sind.

[5] Vgl. I, IV Anm. 1—3.

2. Ferner hat die Hauptstelle eine besondere Liste derjenigen Gesellschaften zu führen, bei denen auf Grund einer Bescheinigung der zuständigen Zulassungs- und Prüfungsstelle die Voraussetzungen der Zulassungsbedingungen II gegeben sind.

3. Die Hauptstelle teilt diese Eintragungen einem Institut mit, das lediglich öffentlich bestellte Wirtschaftsprüfer umfaßt[1].

§ 12. **Geschäftsführung und Kosten.**

Die Geschäfte der Zulassungs- und Prüfungsstellen werden durch die Industrie- und Handelskammern ihres Sitzes geführt. Die entstehenden Kosten sind von den örtlichen Wirtschafts- und Berufskreisen zu tragen[2]. Die Gebühren (§ 5) werden nach den Richtlinien der Hauptstelle erhoben.

3. Zulassungsbedingungen.

I. Einzelpersonen.

a) Persönliche Voraussetzungen:

Der Antragsteller muß

1. seinen Wohnsitz in Deutschland haben; Ausländern kann die Zulassung versagt werden, wenn Deutschen im Heimatstaat des Ausländers nicht volle Gleichberechtigung gewährt wird. Darüber, ob die Gleichberechtigung im Auslande gegeben ist, hat der Zulassungsausschuß jeweils die Entscheidung der Hauptstelle herbeizuführen[3];
2. in geordneten wirtschaftlichen Verhältnissen leben;
3. seiner Persönlichkeit nach besonders geeignet erscheinen[4];
4. die Berufstätigkeit im Hauptberuf selbständig ausüben oder auszuüben beabsichtigen oder als zeichnungsberechtigter Vertreter von Wirtschaftsprüfern oder als gesetzlicher Vertreter oder Prokurist einer der unter II genannten Gesellschaften tätig sein[5];

---

[1] Die Listen werden gleichmäßig und in derselben Form von der Hauptstelle, den Zulassungs- und Prüfungsstellen, dem „Institut" und den Landesregierungen geführt. Die Satzung des Instituts ist unten abgedruckt, B. V.

[2] D. h. soweit sie nicht durch die Gebühren gedeckt werden.

[3] Den deutschen Wirtschaftsprüfern haben die „chartered accountants" in England, Amerika und Holland als Vorbild gedient. In diesen Ländern erfolgt die Bestellung nicht unter staatlicher Mitwirkung, sondern auf Grund staatlicher Verordnung, wobei die Mitgliedschaft zu bestimmten Vereinen die Bestellung ersetzt. Der Erwerb der Mitgliedschaft hängt in der Regel von der Ablegung einer Prüfung ab. In den nordischen Ländern und in Ungarn sind ähnliche Einrichtungen getroffen.

Ob Deutsche in diesen oder anderen Ländern gleichberechtigt sind, hängt einmal davon ab, welche Einrichtungen in dem betr. Lande bestehen, sodann davon, ob der Deutsche vollberechtigtes Mitglied dieser Einrichtungen werden kann; schließlich — und das ist wohl das Wichtigste — ob der deutsche Wirtschaftsprüfer in einem solchen Lande in voller Gleichberechtigung mit seinen dortigen Fachgenossen im einzelnen Fall tätig sein oder, wenn er sich dauernd dort niederläßt, ob die deutsche Bestellung ohne weiteres anerkannt wird oder ob noch erneut ein Examen gefordert wird. In Deutschland sind bisher zwei englische „chartered accountants" bestellt worden, aber erst nach vorheriger Prüfung in der Zulassungs- und Prüfungsstelle, weil der Eintritt deutscher Wirtschaftsprüfer in den englischen „chartered accountant"-Stand nach den englischen Bestimmungen nicht ohne Prüfung erfolgen kann.

[4] Bei den Meldungen wird diese Bestimmung häufig übersehen. Besonders geeignet heißt, daß der Bewerber nicht nur nach seinem Wissen, sondern nach seiner ganzen bisherigen Betätigung und nach der Geltung, die er sich dabei erworben, geeignet ist, Wirtschaftsprüfer zu werden; dabei ist zu berücksichtigen, daß es sich, besonders infolge der Pflichtrevision, um einen privilegierten Stand handelt.

[5] Vgl. die Grundsätze über die Berufsausübung und den Begriff der selbständigen und hauptberuflichen Tätigkeit des Wirtschaftsprüfers.

5. mindestens 30 Jahre alt sein[1]

b) Fachliche Voraussetzungen:

1. sechsjährige praktische Tätigkeit, davon mindestens drei Jahre Prüfungstätigkeit;
2. Ablegung der Fachprüfung, bei der insbesondere ausreichende Kenntnisse in der Betriebswirtschaftslehre nachzuweisen sind.

Von den Bestimmungen unter b Nr. 1 kann in Ausnahmefällen nach Grundsätzen der Hauptstelle unter Mitteilung an diese abgewichen werden[2].

c) Zeichnungsberechtigte Vertreter von Wirtschaftsprüfern können auf deren Vorschlag als Wirtschaftsprüfer bestellt werden, wenn sie die persönlichen und fachlichen Voraussetzungen erfüllen[3].

II. Revisions- und Treuhandgesellschaften[4].

a) Aktiengesellschaften, Kommanditgesellschaften auf Aktien und G. m. b. H.[5]:

Voraussetzung für die Ausübung der Wirtschaftsprüfertätigkeit durch diese Gesellschaften ist, daß mindestens ein Mitglied ihres Vorstandes bzw. ihrer Geschäftsführung als Wirtschaftsprüfer bestellt ist und die Voraussetzungen unter I erfüllt[6].

Die Gesellschaft hat ferner, wenn nur ein Mitglied ihres Vorstandes bzw. ihrer Geschäftsführung als Wirtschaftsprüfer bestellt ist, einen zeichnungsberechtigten Stellvertreter zu benennen, der ebenfalls als Wirtschaftsprüfer bestellt ist. Die Zulassungs- und Prüfungsstellen sind befugt, bis zum 1. Juli 1932 Ausnahmen von den Bestimmungen dieses Absatzes zuzulassen.

---

[1] Auf diese Altersgrenze kann neuerdings auch in der Übergangszeit zurückgegangen werden.

[2] Die Hauptstelle hat am 1. Dezember 1931 folgenden Beschluß gefaßt: „Die Hauptstelle sieht sich im Augenblick noch nicht in der Lage, Grundsätze darüber aufzustellen, wenn von der vorgeschriebenen sechsjährigen praktischen Tätigkeit, insbesondere der dreijährigen Prüfungstätigkeit, abgewichen werden kann. Um jedoch die Einheitlichkeit in der Auffassung der Zulassungs- und Prüfungsstellen in diesem für die Entwicklung der Wirtschaftsprüfung besonders wichtigen Punkt sicherzustellen, ist die Hauptstelle bereit, in Zweifelsfällen auf Antrag der Zulassung- und Prüfungsstellen sich gutachtlich zu äußern, ohne daß sie damit die Entscheidung im einzelnen Falle übernimmt". Die Hauptstelle erstattet ihr Gutachten auf Grund der Beratung einer kleinen Kommission.

[3] Auch bei einem solchen Vorschlag eines Wirtschaftsprüfers wird man dem Bewerber die Ausfüllung der Anmeldeformulare usw. nicht ersparen können.

[4] Der Name „Revisions- und Treuhandgesellschaften" hat sich zwar eingebürgert, enthält im ersten Teil jedoch ein Fremdwort, das außerdem an den Bücherrevisor erinnert, und im zweiten Teil eine Tätigkeit, die mit der des Wirtschaftsprüfers nichts zu tun hat. Für die in die Liste eingetragenen Gesellschaften, sollte sich deshalb die Bezeichnung „Eingetragene Prüfungsgesellschaft (E. P.)" oder „Eingetragene Wirtschafts-Prüfergesellschaft" (E. W. P.) einbürgern. Vgl. Allg. Teil Nr. 5.

[5] Voraussetzung für die Ausübung der Wirtschaftsprüfertätigkeit durch andere Gesellschaften ohne juristische Persönlichkeit ist, daß die Gesellschafter sämtlich Wirtschaftsprüfer sind. Der Beruf kann in der Form z. B. einer offenen Handelsgesellschaft ausgeübt werden. Damit bleibt der Wirtschaftsprüfer doch der Angehörige eines freien Berufes. Doch ist es streitig, ob der Wirtschaftsprüfer von der Eintragung in das Handelsregister dann ausgenommen werden kann, wenn zwar bei ihm die Voraussetzungen des § 2 HGB. vorliegen, er aber sein Gewerbe (vgl. § 36 Abs. 3 GO.) nicht unter einer kaufmännischen Firma betreibt. Einzelne Industrie- und Handelskammern betreiben die Eintragung des Wirtschaftsprüfers ins Handelsregister, um ihn zu den Umlagen der Kammer heranziehen zu können. Doch sollten sie berücksichtigen, daß dann der Wirtschaftsprüfer auch über die Wirtschaft als Vertreter einer Kammer oder eines Verbandes in die Hauptstelle und die Zulassungs- und Prüfungsstellen gelangen kann, wodurch dort die mühsam aufrecht erhaltene Parität zerstört würde.

[6] Der zum Wirtschaftsprüfer Bestellte muß sich in verantwortlicher leitender Stellung in der Gesellschaft befinden; das gleiche gilt für seinen Stellvertreter (Abs. 2); darüber hinaus können auch Prokuristen bestellt werden; vgl. III 2. Grundsätze über den Begriff der Selbständigkeit.

Es können auch Prokuristen von Gesellschaften, die die Wirtschaftsprüfertätigkeit ausüben, auf deren Vorschlag als Wirtschaftsprüfer bestellt werden, falls sie die persönlichen und sachlichen Voraussetzungen erfüllen.

Scheidet das als Wirtschaftsprüfer bestellte Mitglied des Vorstandes oder der Geschäftsführung aus der Gesellschaft aus, so darf die Gesellschaft die Wirtschaftsprüfertätigkeit weiter ausüben, falls sie unverzüglich einen Wirtschaftsprüfer zum gesetzlichen Vertreter ernennt [1].

Bilanzvermerke, Revisionsberichte, Gutachten und dergleichen einer Gesellschaft, die die Wirtschaftsprüfertätigkeit ausübt, müssen jeweils von einem Vorstandsmitglied bzw. Geschäftsführer oder Prokuristen unterzeichnet sein, die als Wirtschaftsprüfer öffentlich bestellt sind.

Gesellschaften mit beschränkter Haftung dürfen die Wirtschaftsprüfertätigkeit nur dann ausüben, wenn sie sich außerdem hinsichtlich des Mindestkapitals und der Veröffentlichung der Bilanz und des Geschäftsberichts den Vorschriften für Aktiengesellschaften unterwerfen.

Bei der Entscheidung über Anträge von Gesellschaften auf Eintragung in die von der Hauptstelle zu führende Gesellschaftsliste ist auch der Ruf der leitenden Personen, die Höhe der zur Verfügung stehenden Mittel sowie Umfang und Art der Tätigkeit der Gesellschaft zu berücksichtigen.

b) Sonstige Gesellschaften.

Voraussetzung für die Ausübung der Wirtschaftsprüfertätigkeit durch die Gesellschaft ist, daß sämtliche persönlich haftenden Gesellschafter, die im deutschen Reichsgebiet ihren Wohnsitz haben, als Wirtschaftsprüfer bestellt sind. Hat nur ein persönlich haftender Gesellschafter seinen Wohnsitz in Deutschland, so hat die Gesellschaft einen zeichnungsberechtigten Vertreter zu benennen, der ebenfalls als Wirtschaftsprüfer bestellt ist [2].

III. Übergangsbestimmungen.

Die Übergangszeit dauert bis zum 31. Dezember 1932. Sie kann durch Beschluß der Hauptstelle verlängert werden, jedoch nicht über den 31. Dezember 1935 hinaus.

Auch während der Übergangszeit gelten grundsätzlich die vorstehenden Zulassungsbedingungen [3]. Von der Fachprüfung gemäß I b 2 kann aber bei solchen Personen abgesehen werden, die mindestens das 35. Lebensjahr vollendet haben und durch eine mehrjährige Prüfungstätigkeit (I b 1) ihre persönliche und sachliche Eignung zur Durchführung schwieriger Prüfungen zweifelsfrei nachweisen. In besonderen Fällen kann der Zulassungsausschuß auf Antrag des Bewerbers von dem Erfordernis der Vollendung des 35. Lebensjahres absehen, jedoch muß der Bewerber mindestens das 30. Lebensjahr vollendet haben. Über das Vorhandensein der erforderlichen volks- und betriebswirtschaftlichen Kenntnisse sollen sich die Zulassungs- und Prüfungsstellen durch eine mündliche Prüfung des Bewerbers unter-

[1] Die Gesellschaft darf nicht eher in die Liste eingetragen werden, bis ein Mitglied des Vorstandes und, nach dem 1. Juli 1932, auch ein Stellvertreter zum Wirtschaftsprüfer bestellt ist. Umgekehrt soll den in einer der zu a) genannten Gesellschaften tätige Anwärter nicht eher eingetragen werden, als auch über die Eintragung seiner Gesellschaft entschieden ist. Bei der Berichterstattung der Zulassungs- und Prüfungsstelle an die Landesregierung über die Bestellung eines solchen Anwärters ist deshalb zugleich mitzuteilen, daß die Zulassungs- und Prüfungsstelle gegen die Eintragung seiner Gesellschaft kein Bedenken habe, und daß diese für den Fall der Bestellung des oder der Anwärter beschlossen sei; vgl Abs. 7.

[2] Vgl. Anm. II 7.

[3] Aber auch die Richtlinien über Errichtung und Verfahren der Zulassungs- und Prüfungsstellen. Deshalb ist es nicht angängig, den Zulassungs- oder den Prüfungsausschuß in anderer, als der dort vorgeschriebenen Besetzung, tagen zu lassen.

richten; das Nähere über diese Prüfung regeln die Zulassungsausschüsse[1]. Von dieser mündlichen Prüfung kann nur abgesehen werden, wenn der Zulassungsausschuß es einstimmig beschließt.

Für die Übergangszeit können solche Prüfungsgesellschaften, die bereits vor Errichtung der Hauptstelle gegründet waren und in der Form der Aktiengesellschaft oder Gesellschaft mit beschränkter Haftung bestehen, von der Verpflichtung, ihr Kapital auf mindestens 50 000 RM. zu bemessen, befreit werden, wenn sie eine Haftpflichtversicherung in Höhe von mindestens 100 000 RM. abgeschlossen haben[2].

Die Gebührenregelung in § 5 der Bestimmungen über Errichtung und Verfahren der Zulassungs- und Prüfungsstellen gilt entsprechend. Wird ein Bewerber von der mündlichen Prüfung befreit, so ist die gesamte Gebühr fällig.

4. Prüfungsordnung.

§ 1.

1. Die Prüfung besteht aus

1. einer Hausarbeit.

Sie ist spätestens in acht Wochen abzuliefern[3]. Durch sie soll der Prüfling dartun, daß er einen schwierigen Stoff aus dem Tätigkeitsgebiet des Wirtschaftsprüfers zu bearbeiten versteht[4]. Der Prüfling hat zu versichern, daß er die Hausarbeit selbständig und ohne Benutzung anderer als von ihm angegebener Hilfsmittel angefertigt hat.

2. zwei Klausurarbeiten.

Diese sind dem Tätigkeitsgebiet des Wirtschaftsprüfers zu entnehmen, und zwar kommen beispielsweise in Betracht:

die Bearbeitung eines Revisionsfalles,
eines Organisationsfalles,
eines Steuerfalles,
eines Konkursfalles,
eines wirtschaftlichen Gutachtens[5].

---

[1] Wird die Fachprüfung durch eine erleichterte mündliche Prüfung ersetzt, so sollte diese vor dem Prüfungsausschuß, wenn auch in einer verkürzten Zeitdauer, abgelegt werden; das Regelungsrecht der Zulassungsausschüsse dürfte nicht so weit gehen, daß an Stelle des Prüfungsausschusses eine anders zusammengesetzte Kommission tritt.

[2] Durch Beschluß der Hauptstelle vom 1. Dezember 1931 eingefügt. Die Haftpflichtversicherung stößt bei den deutschen Versicherungsgesellschaften noch auf Schwierigkeiten. Sie behaupten, daß der Prüfungsvermerk der Aktiennovelle zu weit gehe. Im Gegensatz zu England und Amerika verlange der deutsche Prüfungsvermerk auch, daß „die Buchführung, der Jahresabschluß und der Geschäftsbericht den gesetzlichen Vorschriften entspreche." Maßgebend für die Abänderung war, daß eine Reihe bewährter Prüfungsgesellschaften mit kleinem Kapital unter den augenblicklichen Verhältnissen nicht in der Lage sind, ihr Stammkapital auf das Mindestkapital von 50 000 RM. vorzunehmen.

[3] Kann der Anwärter die Frist von 8 Wochen aus besonderen Gründen (z. B. Krankheit) nicht einhalten, so hat er rechtzeitig beim Vorsitzenden des Prüfungsausschusses die Verlängerung zu beantragen. Läßt der Anwärter die Hausarbeit verfallen, so kann er bei dem Prüfungsausschuß die Gewährung einer neuen Arbeit nachsuchen; der Prüfungsausschuß entscheidet nach freiem Ermessen über den Antrag. Mehr als zwei Arbeiten dürfte er kaum gewähren. Über die Zweckmäßigkeit der Hausarbeit gehen die Ansichten auseinander. Sie sollte weitgehend durch schon angefertigte praktische Arbeiten mit Zustimmung des Prüfungsausschusses ersetzt werden.

[4] Der Prüfungsausschuß kann beschließen, daß die Hausarbeit durch eine von dem Anwärter schon angefertigte Arbeit ersetzt wird.

[5] Es empfiehlt sich ein Austausch der Themen unter den 12 Zulassungs- und Prüfungsstellen.

Aufgaben theoretischen Inhalts sollen grundsätzlich nicht gestellt werden. Für jede Klausurarbeit sind 6 Stunden Zeit zu gewähren[1].

Der Prüfungsausschuß entscheidet auf Grund des Ausfalls der Hausarbeit und der Klausurarbeiten, ob der Bewerber zur mündlichen Prüfung zuzulassen ist[2].

3. einer mündlichen Prüfung.

In ihr soll der Prüfling zunächst einen kurzen Vortrag über einen Fachgegenstand auf Grund eines vom Prüfungsausschuß bestimmten Themas halten[3].

Sodann sind mündliche Fragen an den Prüfling aus den für den Wirtschaftsprüfer besonders wichtigen Gebieten der Betriebswirtschaftslehre und der Rechtslehre zu richten.

Aus der Betriebswirtschaftslehre kommen neben den allgemeinen Grundsätzen der Lehre vom inneren und äußeren Betriebe[4] insbesondere folgende Gebiete in Betracht:

1. Buchführung und Bilanz einschl. Buchführungs- und Bilanzrecht sowie Buchführungsorganisation;
2. Selbstkostenrechnung und Erfolgsrechnung;
3. Betriebsstatistik;
4. Gründungs- und Finanzierungstechnik, Kapital- und Zahlungsverkehr;
5. Revisionswesen, Revisionstechnik, Kenntnis des Beruflichen des Revisions- und Treuhandwesens (rechtliche Bestimmungen, Berufsorganisation, Tätigkeitsgebiet, Berufsauffassung usw.);
6. Bewertungsfragen;
7. Betriebswirtschaftliche Steuerlehre.

Aus der Rechtslehre kommen insbesondere folgende Gebiete in Betracht:

1. Die einschlägigen Bestimmungen des bürgerlichen Rechts (Recht der Schuldverhältnisse und Sachenrecht, insbesondere Hypothekenrecht);
2. Handels-, Aktien-, Gesellschafts-, Genossenschafts-, Versicherungsrecht und gewerblicher Rechtsschutz;
3. Wechsel- und Scheckrecht;
4. Konkurs-, Anfechtungs- und Vergleichsrecht;
5. Grundzüge des Zivilprozeßrechts einschl. der Zwangsvollstreckung;
6. Steuerrecht.

2. In der mündlichen Prüfung soll jeder Prüfling etwa 1½ Stunden geprüft werden[5].

3. Der Prüfungsausschuß kann geprüfte und vereidigte Bücherrevisoren sowie diejenigen Bewerber, die die Abschlußprüfung einer Hochschule oder eine für die Ausübung des Berufs auf Grund von Richtlinien der Hauptstelle als gleichwertig

---

[1] Die Anfertigung der Klausurarbeiten wird in der Regel durch die Geschäftsstelle überwacht. Eine Entschädigung an den Überwachenden ist üblich.

[2] Hat der Zulassungsausschuß die Hausarbeit erlassen, so wird bei der Entscheidung darüber, ob der Anwärter zur mündlichen Prüfung zuzulassen ist, davon auszugehen sein, daß die Hausarbeit befriedigend ausgefallen wäre. Hat der Prüfungsausschuß in dieser Hinsicht Zweifel, so kann er dem Anwärter die Anfertigung der Hausarbeit mit Zustimmung des Zulassungsausschusses noch nachträglich auferlegen.

[3] Dies ist eine Sollvorschrift. In der Praxis der Prüfungsausschüsse wird verschieden verfahren; vgl. Allg. Teil, Nr. 3.

[4] Nach den Erörterungen in der Hauptstelle ist hierunter die Technologie im weitesten Sinne zu verstehen; vgl. Allg. Teil, Nr. 6; deshalb hat die Technik in der Prüfungsordnung keine besondere Rücksicht mehr gefunden.

[5] Die Dauer der Prüfung ist davon beeinflußt, ob Gruppen- oder Einzelprüfung gewählt wird. Letztere bildet die Regel.

zu erachtende Prüfung abgelegt haben, von der mündlichen Prüfung in einzelnen Fächern befreien[1].

§ 2.

1. Das Ergebnis der Prüfung ist dem Prüfling mitzuteilen[2].

2. Die Ablegung der Prüfung berechtigt erst dann zur Führung einer Bezeichnung, die auf das Bestehen der Prüfung Bezug nimmt, wenn die öffentliche Bestellung erfolgt ist[3].

§ 3.

1. Tritt der Prüfling von der Prüfung zurück, oder wird er zurückgewiesen oder hat er die Prüfung nicht bestanden, so kann er die Prüfung nur wiederholen, wenn er vom Zulassungsausschuß in dem vorgeschriebenen Verfahren erneut zugelassen ist. Die Zulassung kann nicht früher als ein Jahr nach dem Rücktritt, der Zurückweisung oder dem Nichtbestehen der Prüfung erfolgen[4].

2. Bei der Wiederholung der Prüfung können frühere schriftliche Prüfungsleistungen angerechnet werden.

III. Grundsätze der Hauptstelle.

I. Grundsätze für die Berufsausübung des Wirtschaftsprüfers.

1. Die Wirtschaftsprüfer (Einzelprüfer und Prüfungsgesellschaften) sind zur strengsten Objektivität bei der Ausübung ihres Berufes verpflichtet[5]. In Wahrung dieser Pflicht sind ihnen folgende Tätigkeiten untersagt:

1. Die gewerbsmäßige Vermittlung.
2. Das Betreiben von Finanzgeschäften, soweit diese nicht von den Treuhandfunktionen untrennbar sind oder die Anlage des eigenen Vermögens oder des

---

[1] Im Gegensatz zu den Erleichterungen durch den Zulassungsausschuß in der Übergangszeit ist dies eine Dauerregelung.

[2] Das Ergebnis ist protokollarisch festzulegen; es können dabei Zensuren (nicht genügend, ausreichend, gut, sehr gut oder mit Auszeichnung) erteilt werden; doch wird hiervon in der Übergangszeit in der Regel abgesehen.

[3] D. h. wenn die Bestallungsurkunde ausgehändigt und die Beeidigung erfolgt ist.

[4] In der Übergangszeit ist es bei einzelnen Prüfungsausschüssen üblich geworden, dann, wenn Lücken vorlagen, die in kürzerer Zeit als 1 Jahr ausgefüllt werden konnten, dem Anwärter mitzuteilen, die Prüfung würde etwa nach einem Vierteljahre fortgesetzt. Hiervon sollte abgesehen werden. Dagegen unterliegt es keinem Bedenken, dem Anwärter, dessen Prüfung als nicht ausreichend bezeichnet werden muß, anheimzugeben, vor der Verkündung des Ergebnisses zurückzutreten. Hiervon sollte aber auch nur bei Personen Gebrauch gemacht werden, auf die besondere Rücksicht, etwa wegen ihres Alters oder ihrer bisherigen Leistungen auf anderen Gebieten, zu nehmen ist.

[5] Zur Sicherstellung dieser Objektivität sind die Grundsätze „für die Berufsausübung" und „über den Begriff der selbständigen und hauptberuflichen Tätigkeit des Wirtschaftsprüfers" ergangen. Sie ergänzen sich insofern, als die ersteren im wesentlichen sagen wann ein bestellter Wirtschaftsprüfer grundsätzlich oder im einzelnen Fall nicht tätig sein darf, während die zweiten Grundsätze Hinderungsgründe für seine Bestellung aufzählen und darüber hinaus sagen, wann solche Hinderungsgründe nicht vorliegen. Die letzteren wären deshalb zweckmäßig vorweggenommen. Mit der Aufstellung dieser Grundsätze ist eine wichtige Etappe in der Entwicklung des neuen Standes erreicht. Sollten die Grundsätze trotz ihrer sorgfältigsten Abwägung nicht ausreichen, die volle Objektivität des Wirtschaftsprüfers zu sichern, so müssen sie ergänzt werden. Eine gewisse Ergänzung dürfte in den in Vorbereitung befindlichen Grundsätzen über den Widerruf liegen. Über die Betätigung der öffentlichen Beamten als Wirtschaftsprüfer stehen ebenfalls weitere Verlautbarungen in Aussicht; vgl. 2. II Ziff. 4.

des Ehegatten oder solcher Personen, die in gerader Linie verwandt oder verschwägert sind, zum Gegenstand haben.

2. Außerdem ist ihnen untersagt, Bilanzbescheinigungen in folgenden Fällen zu geben:

1. wenn der Wirtschaftsprüfer nach Artikel VI § 262 c des ersten Teiles der Verordnung des Reichspräsidenten über Aktienrecht, Bankenaufsicht und über eine Steueramnestie vom 19. September 1931 (RGBl. S. 493) zum Bilanzprüfer weder gewählt noch bestellt werden kann [1],
2. wenn die zu prüfende Unternehmung, die mit Rücksicht auf ihre Rechtsform den in Nr. 1 bezeichneten Bestimmungen nicht unterworfen ist (z. B. Einzelkaufleute, offene Handelsgesellschaften, Gesellschaften mit beschränkter Haftung, Genossenschaften usw.) auf die Geschäftsführung des Wirtschaftsprüfers maßgebenden Einfluß hat [2].

3. Ist ein Einzelprüfer mit der Prüfung beauftragt, so ist es als ein maßgebender Einfluß im Sinne der vorstehenden Bestimmungen unter Absatz 2 Nr. 1 und 2 insbesondere stets dann anzusehen, wenn ein Inhaber, Gesellschafter oder gesetzlicher Vertreter des zu prüfenden Unternehmens mit dem Wirtschaftsprüfer oder dessen Ehefrau im ersten oder zweiten Grade verwandt ist.

4. Ist eine Prüfungsgesellschaft mit der Prüfung beauftragt, so ist es als ein maßgebender Einfluß im Sinne der vorstehenden Bestimmungen unter Absatz 2 Nr. 1 und 2 insbesondere stets dann anzusehen, wenn

a) ein Inhaber, Gesellschafter oder gesetzlicher Vertreter des zu prüfenden Unternehmens mit einem Mitglied der Geschäftsführung oder des Vorstandes (oder deren Ehefrauen) der Prüfungsgesellschaft im ersten oder zweiten Grade verwandt sind,
b) ein Inhaber, Gesellschafter oder gesetzlicher Vertreter des zu prüfenden Unternehmens der Geschäftsführung oder dem Vorstande oder dem Aufsichtsrat der Prüfungsgesellschaft angehört.

II. Grundsätze über den Begriff der selbständigen und hauptberuflichen Tätigkeit als Wirtschaftsprüfer gemäß § 4 Ziffer 5 der Satzung der Hauptstelle für die öffentlich bestellten Wirtschaftsprüfer.

1. Selbständigkeit.

1. Selbständig im Sinne der Zulassungsbedingungen unter I a Ziffer 4 ist ein Wirtschaftsprüfer (Einzelprüfer und Prüfungsgesellschaft) nur dann, wenn er seine Tätigkeit unter Eigenverantwortung ausübt.

2. Die Eigenverantwortung ist dann nicht gegeben, wenn der Einzelprüfer auf Grund eines Angestelltenverhältnisses tätig ist. Dies gilt dann nicht, wenn es sich um ein Dienstverhältnis zwischen einem öffentlich bestellten Einzelprüfer und seinem zeichnungsberechtigten Vertreter oder zwischen einer Prüfungsgesellschaft und ihren gesetzlichen Vertretern oder Prokuristen handelt. Die zeichnungsberech-

[1] Vgl. hierzu Allg. Teil, 2. II. Das Gleiche gilt natürlich, wenn der Wirtschaftsprüfer nach dem Gesetz vom 6. Juni 1931 (RGBl. I. S. 315) betr. Versicherungsgesellschaften und Bausparkassen zum Prüfer nicht bestellt werden kann.

[2] In dieser und den folgenden Bestimmungen liegt die Naht zwischen Wirtschaftsprüferorganisation und Pflichtprüfung, die sich zunächst nebeneinander entwickelt haben. Die in der Aktiennovelle festzulegenden Grundsätze für die Tätigkeit des Bilanzprüfers sind ganz allgemein für den Wirtschaftsprüfer auch dann übernommen, wenn es sich um die Prüfung anderer Unternehmungen als Aktiengesellschaften handelt. Sie werden auch für die Prüfung der Betriebe der öffentlichen Hand analoge Anwendung finden. Die zweite Naht liegt in der Aufstellung des Grundsatzes, daß Pflichtrevisionen nur von Wirtschaftsprüfern vorgenommen werden können.

tigten Vertreter von Einzelprüfern und die gesetzlichen Vertreter oder Prokuristen von Prüfungsgesellschaften sind aber nur dann selbständig, wenn sie sich bei Durchführung der Wirtschaftsprüfungen nicht an Dienstanweisungen zu halten haben, die sie verpflichten, Revisionsberichte oder Gutachten als Wirtschaftsprüfer auch dann zu unterschreiben, wenn deren Inhalt sich nicht mit ihrer Überzeugung deckt[1].

3. Liegt zwischen einem öffentlich bestellten Einzelprüfer oder einer Prüfungsgesellschaft und einem anderen Einzelprüfer oder einer anderen Prüfungsgesellschaft ein Vertragsverhältnis vor, das juristisch als Gesellschaftsvertrag zu gelten hat, wirtschaftlich aber als Angestelltenverhältnis zu betrachten ist, so ist die Selbständigkeit nur dann gegeben, wenn der angestellte Einzelprüfer nicht an Dienstanweisungen der im vorigen Absatz bezeichneten Art gebunden ist.

4. Unabhängig von diesen Grundsätzen kann der Zulassungsausschuß die Zulassung wegen Mangels der Selbständigkeit ablehnen, wenn ihm nach der Persönlichkeit der Beteiligten oder auf Grund sonstiger Umstände die Gewähr für eine eigenverantwortliche Wirtschaftsprüfung nicht gegeben zu sein scheint[2].

2. Hauptberufliche Tätigkeit.

1. Das Erfordernis der hauptberuflichen Tätigkeit als Wirtschaftsprüfer setzt voraus, daß der Wirtschaftsprüfer nicht außer diesem Beruf einen anderen Beruf ausübt, der seiner Art nach eine gleichzeitige hauptberufliche Tätigkeit als Wirtschaftsprüfer ausschließt, oder daß er einen mit dem Beruf eines Wirtschaftsprüfers an sich zu vereinbarenden anderen Beruf nicht in einer solchen Weise ausübt, daß die Tätigkeit als Wirtschaftsprüfer dabei zum Nebenberuf wird[3].

2. Als Berufe oder Tätigkeiten, die hiernach nicht mit der gleichzeitigen hauptberuflichen Tätigkeit als Wirtschaftsprüfer vereinbar sind, gelten insbesondere

1. alle kaufmännischen Berufe im Sinne des § 1 Abs. 2 HGB.[4],

---

[1] Vgl. Zulassungsbedingungen I Ziff. 4. Der Angestellte kann also nur dann Wirtschaftsprüfer werden, wenn er zeichnungsberechtigter Vertreter, gesetzlicher Vertreter oder Prokurist ist. In diesen Fällen hat sich jedoch der Zulassungsausschuß davon zu überzeugen, daß der Angestellte sich bei Durchführung der Wirtschaftsprüfungen nicht an Dienstanweisungen zu halten hat, die ihn verpflichten usw. Diese Überzeugung verschafft sich der Zulassungsausschuß am besten durch Vorlage etwaiger Dienstanweisungen oder er läßt sich eine Erklärung der Gesellschaft und ihres Angestellten, des Anwärters, dahin geben, daß solche Dienstanweisungen nicht bestehen.

[2] Ein solcher Mangel der Selbständigkeit kann z. B. dann vorliegen, wenn der Anwärter mehreren Aufsichtsräten angehört oder in anderer Weise zu stark mit besonderen wirtschaftlichen Interessen verflochten ist. Tritt diese Verbundenheit erst nach der Bestellung ein, so kann sie zum Widerruf Anlaß geben.

[3] Der letzte Halbsatz ist mißverständlich, noch mehr der letzte Halbsatz in Ziff. 3 letzter Absatz. Der Wirtschaftsprüfer soll die Wirtschaftsprüfung zum Hauptberuf machen, d. h. er muß vorwiegend hierin tätig sein. Nach dem letzten Halbsatz kann er aber ebensoviel in der Wirtschaftsprüfung wie in einem anderen Berufe tätig sein; denn bei einer gleichen Betätigung wird die Wirtschaftsprüfung noch nicht zum Nebenberuf. Der letzte Satz in Ziff. 3 geht noch weiter, wenn er von „nennenswerter Tätigkeit als Wirtschaftsprüfer" spricht. Der Anwärter der immerhin einen nicht ganz unbeträchtlichen, also einen nennenswerten Teil seiner Arbeitskraft der Wirtschaftsprüfung widmen will, dessen Tätigkeit aber im Übrigen in ihrem Schwerpunkt in einem anderen Berufe liegt, soll zum Wirtschaftsprüfer bestellt werden. Damit ist der Grundsatz der hauptberuflichen Tätigkeit als Wirtschaftsprüfer, der vorangestellt war, aufgegeben und die Länderkonferenz wird sich mit den daraus entstehenden Folgen zu beschäftigen haben. Danach kann jeder Anwalt, jeder ordentliche Professor an einer Hochschule Wirtschaftsprüfer werden. Eine Einschränkung ergibt sich nur aus I Abs. 4. Für die Beamten gilt, abgesehen von den Professoren und Notaren (Abs. 3 Ziff. 3, Abs. 4 f.), diese weite Auslegung nicht (Abs. 2, Ziff. 4); Grundsätze hierüber sind vorbehalten.

[4] Der Wirtschaftsprüfer kann, obwohl er Angehöriger eines freien Berufes ist, dennoch seinen Beruf als Wirtschaftsprüfer — nicht einen anderen kaufmännischen Beruf — in der

2. die Tätigkeit als Angestellter, mit Ausnahme des unter I Absatz 2 behandelten Falles der Angestellten von Einzelprüfern sowie Prüfungsgesellschaften,
3. die Tätigkeit als gesetzlicher Vertreter oder Vorstandsmitglied einer Aktiengesellschaft oder sonstigen Kapitalgesellschaft mit Ausnahme des unter I Absatz 2 behandelten Falles der gesetzlichen Vertreter oder Vorstandsmitglieder von Prüfungsgesellschaften [1],
4. die Tätigkeit als öffentlicher Beamter im Reichs-, Staats- oder Gemeindedienst, abgesehen von den in den Absätzen 3 und 4 getroffenen und etwa von der Hauptstelle noch festzusetzenden Ausnahmen [2],
5. die Tätigkeit als Buch- und Betriebsprüfer im Dienst der Reichsfinanzverwaltung, und zwar ohne Unterschied, ob diese Tätigkeit auf Grund eines Beamtenverhältnisses oder eines Privatanstellungsvertrages ausgeübt wird.

3. Als Berufe und Tätigkeiten, die gleichzeitig mit dem Beruf einer Wirtschaftsprüfers ausgeübt werden können, gelten grundsätzlich

1. alle freien Berufe, welche die Wahrnehmung fremder Interessen in wirtschaftlichen, gewerblichen, technischen und rechtlichen Angelegenheiten zum Gegenstand haben [3],
2. die Beratung anderer Personen in Fragen der unter 1. bezeichneten Art,
3. die Ausübung einer Lehrtätigkeit, auch der auf Grund eines Beamtenverhältnisses, in Fragen der unter 1. bezeichneten Art [4],

---

Form einer im Handelsregister eingetragenen Firma führen. Er ist auch gewerbesteuerpflichtig und zahlt, wenn er im Handelsregister eingetragen ist, Umlagen zur Industrie- und Handelskammer. Unter dieser Voraussetzung hat er auch das aktive und passive Wahlrecht zur Industrie- und Handelskammer. Das gleiche gilt für den gesetzlichen Vertreter oder das Vorstandsmitglied einer im Handelsregister eingetragenen Prüfungsgesellschaft. Hier berühren sich also Wirtschaft und Beruf; es erscheint deshalb nicht ausgeschlossen, daß ein solcher Wirtschaftsprüfer als Vertreter der Wirtschaft in die Zulassungs- und Prüfungsstelle gewählt wird.

[1] Vgl. Anm. 2.

[2] Vgl. Anm. 1. Weitere Ausnahmen sind bisher nicht zugelassen. Sie werden von einzelnen Seiten besonders für den Fall gewünscht, daß die Pflichtrevision der öffentlichen Betriebe allein den Wirtschaftsprüfern vorbehalten bleibt. Insbesondere wird gewünscht, daß Beamte der Staatsbanken, der Kommunalbanken und Girozentralen und anderer Kreditinstitute mit öffentlichrechtlichem Charakter zum Wirtschaftsprüfer bestellt werden können. Auch der Rechnungshof des Reichs und die preußische Oberrechnungskammer haben dahingehende Wünsche geäußert; ferner Revisionsabteilungen von Kommunen. Allen diesen Wünschen gegenüber sollte an dem Grundsatz der Unabbhängigkeit festgehalten werden. Nur dann wird das mit der Pflichtrevision verfolgte Ziel der Wiederherstellung vollster Klarheit und Wahrheit in der privaten wie der öffentlichen Wirtschaft erreicht werden. Der Umstand, daß die Revision der öffentlichen, insbesondere der Regie-Betriebe, oft nicht ohne Einblick und Prüfung der öffentlichen Haushalte insgesamt erfolgen kann, zwingt nicht zum Abweichen von dem Grundsatz der Unabhängigkeit, sondern zu einem verständnisvollen Zusammenarbeiten des Wirtschaftsprüfers mit den öffentlichen Stellen und ihren Aufsichtsbehörden. Dabei ist auch die Frage von einer starken Bedeutung, wer den Wirtschaftsprüfer auswählen soll; bei der Kommune kommen hierfür die Gemeindeversammlung, der Magistrat, der Bürgermeister oder die Aufsichtsbehörde in Betracht. Ein Zusammenarbeiten zwischen Bürgermeister (Magistrat) und Aufsichtsbehörde dürfte zweckmäßig erscheinen.

[3] Damit wird nicht verneint, daß der Wirtschaftsprüferberuf selbst ein freier Beruf ist.

[4] In Anm. 1 S. 24 ist ausgeführt, daß der Hochschulprofessor in der Regel Wirtschaftsprüfer werden kann. So sehr es zu wünschen ist, daß z. B. gerade die Professoren der Betriebswirtschaftslehre, die die Aufgaben der Wirtschaftsprüfung in der Regel vorzüglich beherrschen, dem Berufe angehören können, so stark sind die Bedenken dagegen, daß durch die Betätigung als Wirtschaftsprüfer ihre Lehrtätigkeit leiden könnte. Zwei volle Berufe sollten in der Zeit der Berufsüberfüllung nicht von einer Person ausgeübt werden. Andererseits ist es gut, wenn Wissenschaft und Praxis sich in derselben Person ergänzen. Deshalb wird die Entscheidung

4. die Ausübung einer freien schriftstellerischen Tätigkeit in Fragen der unter 1. bezeichneten Art.

4. Es können also insbesondere folgende Berufe gleichzeitig mit dem Beruf des Wirtschaftsprüfers ausgeübt werden:

a) der Beruf des Treuhänders,
b) der Beruf des gerichtlichen oder außergerichtlichen Sachverständigen in wirtschaftlichen oder technischen Fragen [1],
c) der Beruf des Konkurs- und Nachlaßverwalters,
d) der Beruf des beratenden Ingenieurs, Technikers und Landwirts,
e) der Beruf des Steuerberaters,
f) der Beruf des Rechtsanwalts und Notars,
g) der Beruf des Patentanwalts.

In allen diesen Fällen darf jedoch der Schwerpunkt der Tätigkeit des Wirtschaftsprüfers nicht in dem Maße in der Ausübung eines der genannten Berufe liegen, daß daneben eine nennenswerte Tätigkeit als Wirtschaftsprüfer nicht mehr ausgeübt wird [2].

IV. Geschäftsordnung Berlin.

I. Geschäftsordnung des Zulassungsausschusses der Zulassungs- und Prüfungsstelle für die öffentlich bestellten Wirtschaftsprüfer zu Berlin.

§ 1. Dem Zulassungsausschuß gehören als Mitglieder an:

1. der Beauftragte des Herrn Preußischen Ministers für Handel und Gewerbe (mit beratender Stimme),
2. Vertreter der geschäftsführenden Industrie- und Handelskammer zu Berlin,
3. Vertreter des Berufs der Wirtschaftsprüfer, die von dem Institut für das Revisions- und Treuhandwesen, Berlin, im Benehmen mit der Industrie- und Handelskammer zu Berlin benannt sind,
4. zugewählte Persönlichkeiten,
5. je 1 Beauftragter auswärtiger gesetzlicher Berufsvertretungen und auswärtiger Vertretungen des Wirtschaftsprüferberufs, soweit sie für den einzelnen Bewerbungsfall zuständig sind.

§ 2. Die Vertreter der Wirtschaft und des Berufs werden jeweils auf 3 Jahre gewählt. Mit dem Ablaufe dieser Zeit wird auch die Amtsdauer der zugewählten und der für Ausgeschiedene gewählten Mitglieder beendet.

§ 3. Der Vorsitzende und der stellvertretende Vorsitzende des Zulassungsausschusses werden von der Industrie- und Handelskammer zu Berlin gewählt.

§ 4. Der Vorsitzende beraumt die Sitzungen an. Eine Sitzung muß anberaumt werden, wenn 5 Mitglieder dies beantragen.

Die Mitglieder werden durch einfachen Brief unter Bekanntgabe der Tagesordnung geladen. Die anwesenden Mitglieder können mündlich in einer Sitzung zu einer weiteren Sitzung geladen werden.

Ist ein Mitglied verhindert, an der Sitzung teilzunehmen, so hat es für die rechtzeitige Ladung seines Stellvertreters zu sorgen.

von Fall zu Fall und nicht ohne vorherige Verständigung mit der Aufsichtsbehörde der Hochschule zu treffen sein.

[1] Der Wirtschaftsprüfer kann nach seinem Eide grundsätzlich auch als gerichtlicher Sachverständiger auftreten.

[2] Der Wirtschaftsprüfer muß sich darüber klar sein, daß, wenn er noch einen anderen Beruf ausübt, er hierin dieselbe Sorgfalt anwenden muß, die die Öffentlichkeit von ihm als Wirtschaftsprüfer erwartet. Deshalb setzt er sich durch Handlungen in dem anderen Beruf in ähnlicher Weise der Gefahr des Widerrufs aus, wie im Wirtschaftsprüferberuf.

§ 5. Anträge sind schriftlich an den Vorsitzenden zu richten. In der Sitzung gestellte Anträge, die sich nicht auf die Tagesordnung beziehen, werden nur verhandelt, wenn von keiner Seite widersprochen wird.

§ 6. Der Vorsitzende eröffnet und schließt die Sitzung, er leitet die Verhandlungen.

Sind beide Vorsitzende verhindert, so führt das den Lebensjahren nach älteste anwesende Mitglied den Vorsitz.

Über den Schluß einer Aussprache entscheidet die Mehrheit der anwesenden Mitglieder.

§ 7. Über jede Sitzung ist eine Niederschrift von einem Beamten der Industrie- und Handelskammer zu Berlin aufzunehmen.

Die Niederschrift hat die Namen der anwesenden, die der entschuldigt und der unentschuldigt fehlenden Mitglieder, die zu verhandelnden Beratungsgegenstände, den Gang der Verhandlungen in kurzen Zügen, die gestellten Anträge und die gefaßten Beschlüsse wiederzugeben. Sie wird von dem Vorsitzenden und dem Schriftführer unterzeichnet und den Mitgliedern und ihren Stellvertretern in einfacher Abschrift zugesandt.

Die Niederschriften werden von der Industrie- und Handelskammer zu Berlin aufbewahrt.

§ 8. Der Zulassungsausschuß ist beschlußfähig, wenn mindestens die Hälfte der Mitglieder anwesend ist.

Die Beschlüsse werden mit Stimmenmehrheit der anwesenden Mitglieder gefaßt, soweit die „Bestimmungen über die öffentlich bestellten Wirtschaftsprüfer" nicht eine andere Mehrheit vorsehen. Bei Stimmengleichheit gilt ein Antrag als abgelehnt.

War eine Sitzung nicht beschlußfähig, so ist die nächstfolgende mit derselben Tagesordnung ohne Rücksicht auf die Zahl der erschienenen Mitglieder beschlußfähig.

§ 9. Der Zulassungsausschuß kann zu seinen Verhandlungen Sachverständige mit beratender Stimme hinzuziehen. Er kann Unterausschüsse zur Vorbereitung der zu beratenden Gegenstände einsetzen.

II. Geschäftsordnung des Prüfungsausschusses der Zulassungs- und Prüfungsstelle für die öffentlich bestellten Wirtschaftsprüfer zu Berlin.

§ 1. Dem Prüfungsausschuß gehören als Mitglieder an der Beauftragte des Herrn Preußischen Ministers für Handel und Gewerbe, Vertreter der Wirtschaft, des Berufs der Wirtschaftsprüfer und der Wissenschaft (vgl. § 7 der Bestimmungen über Errichtung und Verfahren der Zulassungs- und Prüfungsstellen für die öffentlich bestellten Wirtschaftsprüfer).

Die Hauptstelle für die öffentlich bestellten Wirtschaftsprüfer hat das Recht, einen Vertreter zu der Prüfung zu entsenden. Dieser ist nicht berechtigt, sich an der Prüfung und an der Beratung und Abstimmung über das Prüfungsergebnis zu beteiligen.

Dasselbe Recht mit der gleichen Beschränkung haben auswärtige gesetzliche Berufsvertretungen und auswärtige Vertretungen des Wirtschaftsprüferberufs, soweit sie für den einzelnen Bewerbungsfall zuständig sind.

Jedes Mitglied soll mindestens einen bestimmten Stellvertreter haben.

§ 2. Die Mitglieder und Stellvertreter des Prüfungsausschusses sind, soweit erforderlich, durch Handschlag an Eidesstatt darauf zu verpflichten, die sich der Prüfung unterziehenden Persönlichkeiten gewissenhaft und unparteiisch zu prüfen, die Prüfungsergebnisse sorgfältig und sachlich zu würdigen, sowie über die Beratungen und Abstimmungen des Prüfungsausschusses streng zu schweigen.

Andere bei einer Prüfung anwesende Persönlichkeiten sind, soweit erforderlich, in gleicher Weise zu verpflichten, über die Beratungen und Abstimmungen des Prüfungsausschusses zu schweigen.

§ 3. Die Vertreter der Wirtschaft, des Berufs und der Wissenschaft werden jeweils auf 3 Jahre gewählt. Mit dem Ablauf dieser Zeit wird auch die Amtsdauer der für Ausgeschiedene gewählten Mitglieder beendet.

§ 4. Der Vorsitzende und der stellvertretende Vorsitzende werden von dem Herrn Preußischen Minister für Handel und Gewerbe auf Vorschlag der Zulassungs- und Prüfungsstelle ernannt.

§ 5. Die Bewerber sind nach Maßgabe der von der Hauptstelle für die öffentlich bestellten Wirtschaftsprüfer herausgegebenen Prüfungsordnung zu prüfen.

§ 6. Der Vorsitzende bestimmt, wer die Aufgaben für die Hausarbeit und die Klausurarbeiten zu stellen hat. Die Auswahl der Hausarbeit kann mit dem Bewerber besprochen werden.

§ 7. Der Vorsitzende ist berechtigt, die für die Abgabe der Hausarbeit vorgeschriebene Frist von längstens 8 Wochen in Ausnahmefällen zu verlängern.

§ 8. Der Vorsitzende bestimmt die Termine für die Anfertigung der Klausurarbeiten. Im allgemeinen soll ein Termin erst anberaumt werden, wenn mindestens 5 Bewerber dazu geladen werden können. Jedoch soll die Wartezeit eines Bewerbers einen Monat nicht überschreiten. Zwischen den Terminen der 1. und 2. Klausurarbeit sollen möglichst nicht mehr als 2 Wochen liegen.

§ 9. Der Vorsitzende kann anordnen, daß bei den rechtswissenschaftlichen Klausurarbeiten den Bewerbern die Gesetzestexte zur Verfügung gestellt werden.

§ 10. Die schriftlichen Arbeiten sind von einem Berichterstatter und einem Mitberichterstatter zu prüfen.

Berichterstatter ist in der Regel, wer die schriftliche Aufgabe gestellt hat. Den Mitberichterstatter ernennt der Vorsitzende.

§ 11. Der Prüfungsausschuß entscheidet nach Abgabe der Klausurarbeiten auf Grund des Ausfalls der schriftlichen Arbeiten, ob der Bewerber zur mündlichen Prüfung zuzulassen und von welchen einzelnen Fächern er im Falle des § 1, 3 (3) der Prüfungsordnung zu befreien ist.

Ist ein Bewerber durch den Zulassungsausschuß von der Hausarbeit und zunächst auch von den Klausurarbeiten befreit, so ist der Prüfungsausschuß bei zweifelhaftem Ausfalle der mündlichen Prüfung berechtigt, dem Bewerber die nachträgliche Anfertigung der Klausurarbeiten aufzuerlegen.

Der Prüfungsausschuß wird ermächtigt, denjenigen Bewerbern, die ursprünglich von der Hausarbeit befreit worden sind, aber beide Klausuren schlecht geschrieben haben, nachträglich noch die Anfertigung der Hausarbeit aufzuerlegen.

§ 12. Der Vorsitzende bestimmt die Termine der mündlichen Prüfung. Die Beteiligten sind unter Angabe von Ort und Zeit durch einfachen Brief zu laden, die Mitglieder des Prüfungsausschusses unter Mitteilung der Namen der Bewerber.

§ 13. Der Prüfungsausschuß ist beschlußfähig, wenn mindestens 5 Mitglieder anwesend sind. Bei Stimmengleichheit entscheidet die Stimme des Vorsitzenden.

§ 14. Der Vorsitzende eröffnet, leitet und schließt die mündliche Prüfung und die mit ihr zusammenhängenden Beratungen des Prüfungsausschusses.

§ 15. Die mündliche Prüfung ist nicht öffentlich.

Der Vorsitzende ist berechtigt, in besonderen Ausnahmefällen Zuhörer zuzulassen.

§ 16. In der Regel ist jeder Bewerber einzeln zu prüfen. Die Prüfung der einzelnen Bewerber muß innerhalb eines Tages durchgeführt werden. Hiervon darf nur in besonderen Fällen abgesehen werden.

§ 17. Das Ergebnis der Prüfung ist von dem Vorsitzenden dem Bewerber mündlich mitzuteilen. Eine schriftliche Benachrichtigung erfolgt im allgemeinen nicht.

§ 18. Über den Prüfungshergang ist eine Niederschrift von einem Beamten der Industrie- und Handelskammer zu Berlin aufzunehmen, die die Namen der anwesenden, der entschuldigt und unentschuldigt fehlenden Mitglieder und die Prüfungsergebnisse enthält. Sie wird von dem Vorsitzenden und dem Schriftführer unterzeichnet.

Die Niederschriften werden von der Industrie- und Handelskammer zu Berlin aufbewahrt.

§ 19. Nach der Prüfung sind die Personalakten der Bewerber, die die Prüfung bestanden haben, dem Herrn Preußischen Minister für Handel und Gewerbe mit einem Bericht und dem Antrage auf öffentliche Bestellung als Wirtschaftsprüfer zu übersenden.

§ 20. Die Mitglieder des Prüfungsausschusses erhalten Gebühren. Es erhalten von der Prüfungsgebühr, die der Bewerber zu zahlen hat,

der Vorsitzende	2 Teile
der Berichterstatter der Hausarbeit	3 „
der Mitberichterstatter der Hausarbeit	2 „
der Berichterstatter der betriebswirtschaftlichen Klausurarbeit	2 „
rechtswissenschaftlichen Klausurarbeit	2 „
der Mitberichterstatter der betriebswirtschaftlichen Klausurarbeit	1 „
rechtswissenschaftlichen Klausurarbeit	1 „
die an der mündlichen Prüfung teilnehmenden Mitglieder, vom Vorsitzenden abgesehen	je 1 „

Dem die Anfertigung der Klausurarbeiten beaufsichtigenden Beamten der Industrie- und Handelskammer ist aus der Prüfungsgebühr eine angemessene Vergütung zu gewähren.

Die Gebühr, die durch Befreiung eines Bewerbers von einem der 3 Prüfungsteile oder durch Fehlen eines Mitglieds und seines Stellvertreters in Prüfungssitzungen frei wird, wird halbjährlich nach Maßgabe der Arbeitsbeteiligung an den bis dahin abgeschlossenen Prüfungen auf die Mitglieder und Stellvertreter verteilt.

V. Satzung des „Instituts der Wirtschaftsprüfer".

Beschlossen in der Sitzung des Hauptausschusses des Instituts für das Revisions- und Treuhandwesen vom 15. Februar 1932.

I. Name, Sitz und Zweck des Instituts.

§ 1. Das Institut ist ein Verein im Sinne der §§ 21 ff. BGB. und wird in das Vereinsregister eingetragen. Der Verein führt den Namen „Institut der Wirtschaftsprüfer e. V." und ist die Fortsetzung des Instituts für das Revisions- und Treuhandwesen e. V.

Sein Sitz ist im Bezirk des Amtsgerichts Berlin-Mitte[1].

Das Geschäftsjahr ist das Kalenderjahr.

Das Institut ist die von der Reichsregierung, den Regierungen der Länder und der Hauptstelle für die öffentlich bestellten Wirtschaftsprüfer anerkannte Standesorganisation der Wirtschaftsprüfer (der öffentlich bestellten Wirtschaftsprüfer) und eingetragenen Wirtschaftsprüfungsgesellschaften[2].

---

[1] Die Geschäftsräume befinden sich in Berlin W. 8, Taubenstraße 34, Fernspr.: A 1 Jäger 3793.

[2] Die Anerkennung wird sich voraussichtlich darin äußern, daß jedem Wirtschaftsprüfer vor der Aushändigung der Bestellungsurkunde die Pflicht auferlegt wird, dem „Institut" beizutreten.

Das Institut bezweckt:

1. Die Wahrung und Vertretung der Berufs- und Standesinteressen der Wirtschaftsprüfer.

2. Die Mitwirkung bei der Zulassung, Prüfung, Bestellung, Eintragung und dem Widerruf von Wirtschaftsprüfern in der Hauptstelle und den Zulassungs- und Prüfungsstellen für die öffentlich bestellten Wirtschaftsprüfer.

3. Die Aufstellung einheitlicher Grundsätze für die Ausübung des Berufs [1].

4. Die Pflege wissenschaftlichen Geistes und des Gemeinsinns der Wirtschaftsprüfer.

5. Die Fernhaltung von ungeeigneten Personen und Gesellschaften aus dem Beruf.

6. Die Förderung des Berufsnachwuchses und seiner wissenschaftlichen und fachlichen Vorbildung [2].

7. Die Vertretung in allen Angelegenheiten der Wirtschaftsprüfung und des Revisions- und Treuhandwesens vor öffentlichen Stellen und Behörden gegenüber der Gesetzgebung, Verwaltung und Rechtsprechung.

Die Maßnahmen zur Erreichung dieser Zwecke werden durch die Institutsorgane getroffen.

Der Zweck des Instituts ist nicht auf einen wirtschaftlichen Geschäftsbetrieb gerichtet.

II. Mitgliedschaft.

§ 2. Das Recht, als Mitglied dem Institut beizutreten, steht jedem öffentlich bestellten Wirtschaftsprüfer und jeder in die Liste bei der Hauptstelle für die öffentlich bestellten Wirtschaftsprüfer und in das Handelsregister eingetragenen Wirtschaftsprüfungsgesellschaft zu [3].

Mit der Mitgliedschaft einer Wirtschaftsprüfungsgesellschaft ist gleichzeitig die Mitgliedschaft ihrer jeweils zu Wirtschaftsprüfern bestellten gesetzlichen Vertreter oder Prokuristen verbunden.

Die Beitrittserklärung erfolgt durch schriftliche Anzeige an die Geschäftsstelle.

§ 3. Die Mitgliedschaft erlischt [4] durch

a) schriftliche Austrittserklärung.

Der Austritt eines Mitgliedes ist unter Innehaltung einer Kündigungsfrist von 2 Jahren zulässig. Die Austrittserklärung ist mit eingeschriebenem Brief an die Geschäftsstelle zu richten. In besonderen Fällen kann der Vorstand eine verkürzte Kündigungsfrist zugestehen.

b) Ausschließung [5].

Es kann ausgeschlossen werden:

1. Wer mit seinen Beiträgen trotz Erinnerung durch die Geschäftsstelle im Rückstande bleibt.

---

[1] Diese Grundsätze müssen sich denen der Ländervereinbarung und der Hauptstelle anpassen.

[2] Durch Abhaltung von Kursen in Verbindung mit den Hochschulen, durch Einrichtung einer Beratungsstelle und durch Herausgabe der Zeitschrift „Der Wirtschaftsprüfer" geschieht dies schon jetzt.

[3] Im Gegensatz zur Wirtschaftsprüferorganisation, die sich auf die Person des Wirtschaftsprüfers gründet und von einer unmittelbaren Bestellung von Gesellschaften absieht, nimmt das „Institut" die Gesellschaften als vollberechtigte Mitglieder auf.

[4] Wenn der Zwangsbeitritt zum „Institut" durch die Länderkonferenz beschlossen werden sollte, kann ein Austritt aus dem „Institut" nur durch Aufgabe des Berufs und Rückgabe der Bestallungsurkunde erfolgen; vgl. unten c letzter Absatz und § 22 Abs. 2.

[5] Auch die Ausschließung muß von dem Widerruf abhängig gemacht werden. Dabei wird zu erwägen sein, ob die Nichtbezahlung von Beiträgen ein Grund zum Widerruf sein

2. Wer die Berufspflichten verletzt, gegen die Standesehre verstößt, oder sich innerhalb oder außerhalb der Ausübung seines Berufs eines unwürdigen Verhaltens, insbesondere des unlauteren Wettbewerbes schuldig macht.

Die Feststellung darüber, ob ein derartiger Verstoß vorliegt, kann nur im Ehrenverfahren getroffen werden. An die Feststellung und Entscheidung im Ehrenverfahren ist der Vorstand bei der Entscheidung über die Ausschließung gebunden[1].

3. Wer sonst einen wichtigen Grund zum Ausschluß gibt. Über die Ausschließung entscheidet nach Anhörung der Bezirksgruppenleitung und des Betroffenen der Vorstand.

Gegen die Entscheidung des Vorstandes nach Ziffer 1 und 3 steht dem Betroffenen binnen 30 Tagen nach Zustellung der Entscheidung die Berufung an den Hauptausschuß mittels eingeschriebenen Briefes zu Händen der Geschäftsstelle zu. Der Hauptausschuß entscheidet endgültig über die Ausschließung[2].

c) Fortfall der öffentlichen Bestellung.

Fällt die öffentliche Bestellung eines Mitgliedes als Wirtschaftsprüfer fort oder wird eine Wirtschafts-Prüfungsgesellschaft aus der Liste bei der Hauptstelle für die öffentlich bestellten Wirtschaftsprüfer gestrichen, so erlischt mit demselben Zeitpunkt die Mitgliedschaft im Institut.

Der Vorstand ist ermächtigt, Änderungen dieser Vorschriften bei Einführung der Zwangsmitgliedschaft für Wirtschaftsprüfer im Institut vorzunehmen[3].

III. Beitrag.

§ 4. Die Mitglieder haben eine Eintrittsgebühr und laufende Mitgliedsbeiträge zu leisten, deren Höhe der Hauptausschuß festsetzt. Für jede Stimme in der Hauptversammlung, die nach Maßgabe des § 16 festgestellt wird, ist ein voller Jahresbeitrag zu zahlen.

Die Mitglieder sind verpflichtet, die zur Feststellung ihres Beitrages und Feststellung des Stimmrechts erforderlichen Auskünfte zu erteilen. Das Verfahren über die Feststellung der Beitragshöhe und Einziehung der Beiträge regelt der Vorstand. Die Beiträge sind auf Anforderung an die Geschäftsstelle zu zahlen.

Bedarf das Institut zur Verfolgung seiner Zwecke besonderer Mittel, so werden diese durch Zuschläge zu den Mitgliedsbeiträgen im Rahmen einer Umlage aufgebracht, deren Höhe der Hauptausschuß festsetzt. Bei der Ausschreibung der Umlage sind den Mitgliedern die Gründe für deren Notwendigkeit mitzuteilen.

Im Falle eines Erlöschens der Mitgliedschaft ist der Beitrag für das laufende Rechnungsjahr, in dem der Austritt wirksam wird, voll zu zahlen.

Das ausscheidende Mitglied oder dessen Erben und Rechtsnachfolger haben keinen Anspruch an das Vereinsvermögen.

IV. Bezirksgruppen.

§ 5. Die Mitglieder des Instituts werden zu Bezirksgruppen zusammengeschlossen. Die Mitgliedschaft beim Institut hat zugleich die Mitgliedschaft bei der zuständigen Bezirksgruppe zur Folge.

---

kann. Hiermit dürften sich die Grundsätze für den Widerruf, die die Hauptstelle aufstellen soll, beschäftigen.

[1] Das Ehrenverfahren kann nur die Auffassung des Berufs für das Widerrufsverfahren festlegen und den Anstoß hierfür geben. Letzteres bleibt entscheidend.

[2] Es ist der Hauptausschuß des „Instituts" gemeint, die Bestimmung steht mit den vom Hauptausschuß beim deutschen Industrie- und Handelstag festgelegten Grundsätzen über das Widerrufsverfahren vorläufig noch nicht in Einklang.

[3] Die Ermächtigung an den Vorstand erscheint praktisch, da die Änderungen zwangsläufig sind; vgl. auch § 22 Abs. 2.

Die Mitglieder, welche ihren beruflichen Wohnsitz in dem Bezirk einer Zulassungs- und Prüfungsstelle haben, bilden eine Bezirksgruppe. Zweifelsfälle über die Abgrenzung der Bezirksgruppen entscheidet der Vorstand.

Die Bezirksgruppen sollen die örtlichen Bestrebungen des Instituts fördern und die Verbindung der Organe des Instituts mit den Mitgliedern sichern. Die Bezirksgruppen dürfen in Angelegenheiten, die für den Beruf von grundlegender Bedeutung sind, keine Stellung nach außen hin nehmen.

An der Spitze einer jeden Bezirksgruppe stehen ein Bezirksvorsitzender und ein stellvertretender Bezirksvorsitzender, die durch die Bezirksgruppenversammlung gewählt werden. Einer der Bezirksvorsitzenden muß Einzelwirtschaftsprüfer, der andere gesetzlicher Vertreter einer Wirtschaftsprüfungsgesellschaft sein. Die Mitglieder einer Bezirksgruppe bilden die Bezirksgruppenversammlung. Für die Bildung und Abstimmung der Bezirksgruppenversammlung gelten die Vorschriften über die Hauptversammlung. Jede Bezirksgruppe tritt nach Bedarf, jedoch mindestens einmal im Jahre zusammen.

Die Bezirksgruppen werden nach einer vom Vorstand des Instituts aufgestellten Geschäftsordnung geleitet.

Die Bezirksvorsitzenden der Bezirksgruppen haben mindestens vierteljährlich dem Vorstande einen Bericht über die Tätigkeit der Bezirksgruppen einzureichen. Sie sind verpflichtet, die Tagesordnung und die Niederschriften über die Sitzungen der Bezirksgruppenversammlung rechtzeitig abschriftlich an den Vorsitzenden und die Geschäftsstelle einzusenden.

V. Institutsorgane.

§ 6. Die Organe des Instituts sind:

A. der Vorstand,
B. der Hauptausschuß,
C. die Hauptversammlung,
D. das Kuratorium,
E. die Geschäftsstelle.

A. Der Vorstand.

§ 7. Der Vorstand besteht aus 10 bis 16 von der Hauptversammlung gewählten Mitgliedern, die natürliche Personen sein müssen.

Der Vorstand wählt aus seiner Mitte den Vorsitzenden und zwei stellvertretende Vorsitzende, die zusammen den engeren Vorstand bilden.

Der Vorstand muß je zur Hälfte aus Einzelwirtschaftsprüfern und aus gesetzlichen Vertretern von Wirtschaftsprüfungsgesellschaften bestehen.

§ 8. Der Vorstand vertritt das Institut und ist für alle Entscheidungen und Maßnahmen zuständig, die nicht ausdrücklich anderen Organen zugewiesen sind. Der Vorstand bestimmt die Richtlinien, nach denen die Maßnahmen zur Erfüllung des Institutszwecks zu treffen sind, mit der Maßgabe, daß in besonders wichtigen Fällen die Entscheidung des Hauptausschusses bzw. der Hauptversammlung herbeizuführen ist.

Der Vorstand bestimmt die Berufsvertreter entsprechend den Grundsätzen des § 7 Abs. 2 in der Hauptstelle und in den Zulassungs- und Prüfungsstellen für die öffentlich bestellten Wirtschaftsprüfer. Die Berufsvertreter in den Zulassungs- und Prüfungsstellen werden nach Fühlungnahme mit den Bezirksgruppen benannt.

§ 9. Die Beschlüsse werden in den Sitzungen gefaßt, die der Vorsitzende nach Bedarf einberuft. Der Vorstand ist bei Anwesenheit von 6 Mitgliedern beschlußfähig. Schriftliche Abstimmung ist zulässig, wenn nicht 4 Mitglieder Widerspruch erheben. Die an der Teilnahme an einer Sitzung verhinderten Mitglieder des Vorstandes können ihr Stimmrecht schriftlich einem anderen Mitglied des Vorstandes übertragen.

Auf Antrag von mindestens 4 Mitgliedern des Vorstandes ist der Vorsitzende verpflichtet, den Vorstand zu einer innerhalb 2 Wochen nach Eingang des Antrages abzuhaltenden Sitzung einzuberufen.

Der engere Vorstand ist berechtigt, in dringenden Fällen selbst zu entscheiden.

Der Vorsitzende ist Vorstand im Sinne des § 26 BGB.

Die Amtsdauer der Vorstandsmitglieder ist 3 Jahre. Sie beginnt mit dem Schlusse der Tagung der Hauptversammlung, in der die Wahl vorgenommen ist und endet mit dem Schlusse der Hauptversammlung, in der die Neuwahl stattfindet. Die Zugehörigkeit zum Vorstand erlischt mit der Kündigung oder mit dem Aufhören der Mitgliedschaft. Scheidet ein Vorstandsmitglied während seiner Amtszeit aus, so kann auf Beschluß des Vorstandes für die übrige Zeit eine Ersatzwahl stattfinden. Sie muß erfolgen, sobald 4 Mitglieder ausgeschieden sind.

Der Vorstand ist berechtigt, sich eine eigene Geschäftsordnung zu geben.

Ausschüsse.

§ 10. Der Vorstand ist ermächtigt, Ausschüsse einzusetzen und ihre Befugnisse zu bestimmen.

Der Vorstand ernennt die Vorsitzenden und die Mitglieder dieser Ausschüsse. Letztere brauchen nicht Mitglieder des Vorstandes zu sein. Der Vorsitzende des Ausschusses muß jeweils ein Mitglied des Vorstandes sein. Den Ausschüssen soll jeweils ein Geschäftsführer angehören.

B. Hauptausschuß.

§ 11. Der Hauptausschuß besteht aus den Mitgliedern des Vorstandes sowie aus den Bezirksvorsitzenden und den stellvertretenden Bezirksvorsitzenden der Bezirksgruppen. Bezirksgruppen, welche über 100 Mitglieder haben, benennen zwei weitere von der Bezirksgruppenversammlung für 3 Jahre zu wählende Mitglieder, von denen der eine Einzelwirtschaftsprüfer und der andere gesetzlicher Vertreter einer Wirtschaftsprüfungsgesellschaft sein muß. Die Mitglieder des Hauptausschusses müssen natürliche Personen sein.

Dem Hauptausschuß liegt die Erledigung der Aufgaben ob, deren Entscheidung nach Auffassung des Vorstandes von entsprechend weittragender Bedeutung ist. Zu den Aufgaben des Hauptausschusses gehört insbesondere die Feststellung des Jahreshaushaltsplanes sowie die Bestimmung des Mitgliedsbeitrages und der Umlagen sowie die Wahl der Ehrenrichter für das Ehrengericht.

§ 12. Der Vorsitzende des Vorstandes, in seiner Verhinderung einer der stellvertretenden Vorsitzenden, führt den Vorsitz im Hauptausschuß. Der Hauptausschuß ist alljährlich mindestens einmal zusammenzurufen. Ort, Zeit und Tagesordnung bestimmt der Vorsitzende. Die Einberufung erfolgt schriftlich unter Mitteilung der Tagesordnung seitens der Geschäftsstelle und zwar nach Möglichkeit zwei Wochen vor dem Tage der Sitzung.

Der Vorsitzende hat den Hauptausschuß einzuberufen, wenn mindestens ein Drittel der Mitglieder des Hauptausschusses es beantragen.

Der Hauptausschuß ist beschlußfähig, sofern mindestens die Hälfte der stimmberechtigten Mitglieder anwesend oder vertreten ist; er entscheidet mit einfacher Stimmenmehrheit.

Die an der Teilnahme an einer Sitzung verhinderten Mitglieder können die Ausübung ihres Stimmrechts schriftlich einem anderen Mitglied des Hauptausschusses übertragen.

Über Gegenstände, die nicht auf der Tagesordnung stehen, darf nur abgestimmt werden, wenn eine Mehrheit von $^4/_5$ der vertretenen Mitglieder es beschließt.

Über die Sitzungen und Beschlüsse des Hauptausschusses ist eine Niederschrift aufzunehmen, in der nur Art und Inhalt der Beschlußfassung festzulegen ist. Die Niederschrift ist von dem Vorsitzenden und dem Protokollführer zu unterzeichnen.

C. Die Hauptversammlung.

§ 13. Die Hauptversammlung ist eine Versammlung der Mitglieder des Instituts zur Erörterung allgemeiner Angelegenheiten des Berufs. Der Beschlußfassung durch die Hauptversammlung unterliegen folgende Punkte:

1. Satzungsänderungen,
2. Wahl des Vorstandes,
3. Bestimmung der Revisoren,
4. Genehmigung der Jahresrechnung und Entlastung des Vorstandes.

§ 14. Die ordentliche Hauptversammlung findet alljährlich einmal statt.

Der Ort und Zeitpunkt der Versammlung wird durch den engeren Vorstand festgesetzt.

Außerordentliche Versammlungen sind nach Ermessen des Vorstandes oder auf schriftlich begründeten Antrag von 50 Mitgliedern einzuberufen, welchen 20% der Gesamtstimmenzahl zustehen müssen.

Die Einberufung erfolgt schriftlich durch die Geschäftsstelle und zwar mindestens 2 Wochen vor dem Tage der Versammlung.

Die Tagesordnung, die durch den Vorsitzenden festgesetzt wird, ist mit der Einladung bekanntzugeben. Auf schriftlich begründeten Antrag von mindestens 25 Mitgliedern, welchen 10% der Gesamtstimmenzahl zustehen müssen, sind durch den Vorsitzenden auf die Tagesordnung alle Anträge und Beratungsgegenstände zu setzen, die der Geschäftsstelle 2 Wochen vor der Hauptversammlung mitgeteilt sind. Die Geschäftsstelle hat solche Anträge und Beratungsgegenstände unverzüglich den Mitgliedern zur Kenntnis zu bringen.

§ 15. Den Vorsitz in der Hauptversammlung führt der Vorsitzende des Vorstandes, bei seiner Verhinderung einer der stellvertretenden Vorsitzenden.

Die Handhabung der Sitzungen und Abstimmungen der Hauptversammlung erfolgt auf Grund einer besonderen Geschäftsordnung, welche vom Vorstand aufgestellt wird.

Beschlüsse werden mit einfacher Mehrheit gefaßt. Satzungsänderungen können nur in ordentlichen Hauptversammlungen erfolgen und bedürfen einer ¾ Mehrheit der anwesenden Mitglieder. Die an der Teilnahme der Hauptversammlung verhinderten Mitglieder können das Stimmrecht schriftlich einem anderen Mitglied übertragen.

Die Hauptversammlung ist ohne Rücksicht auf die Zahl der Anwesenden und vertretenen Mitglieder abzuhalten.

Über die Sitzung ist eine Niederschrift aufzunehmen, in der nur Art und Inhalt der Beschlußfassung festzulegen sind. Die Niederschrift ist von dem Vorsitzenden und dem Protokollführer zu unterzeichnen.

§ 16. Bei Abstimmungen hat jedes Mitglied mindestens eine Stimme. Mitglieder, welche Einzelwirtschaftsprüfer und Wirtschaftsprüfungsgesellschaften sind, erhalten für jeden qualifizierten Angestellten eine Zusatzstimme.

Der Vorstand hat Grundsätze darüber aufzustellen, wer nach Art seiner Tätigkeit als qualifizierter Angestellter zu gelten hat. Er entscheidet im Zweifelsfalle über die Anwendbarkeit dieser Grundsätze und über die Höhe des Stimmrechts. Die Wirtschaftsprüfungsgesellschaften erhalten für ihre zu Wirtschaftsprüfern bestellten gesetzlichen Vertreter und Prokuristen keine Zusatzstimmen. Diesen Mitgliedern steht vielmehr persönlich eine Stimme zu.

Die Stimmabgabe für Wirtschaftsprüfungsgesellschaften erfolgt durch Bevollmächtigte, die persönlich Mitglieder sein müssen.

Jedes Mitglied erhält nach Leistung seines Mitgliedsbeitrages von der Geschäftsstelle eine Bescheinigung über die ihm zustehende Stimmenzahl.

D. Kuratorium.

§ 17. Zur Förderung der Zwecke des Instituts und um eine enge Verbindung des Instituts mit der Öffentlichkeit zu gewährleisten, wird ein Kuratorium aus Vertretern der Regierungen sowie namhaften Führern der Wirtschaft, der Wissenschaft und der Rechtspflege gebildet. Die Mitglieder des Kuratoriums werden vom Vorstand gewählt; soweit es sich um Regierungsvertreter handelt, ist die Zustimmung der zuständigen Regierungsbehörden vor der Wahl einzuholen[1]. Der Vorstand des Instituts gehört dem Kuratorium an. Das Kuratorium wählt aus seiner Mitte einen Vorsitzenden. Der stellvertretende Vorsitzende des Kuratoriums ist der Vorsitzende des Instituts.

E. Geschäftsstelle.

§ 18. Die Geschäftsstelle ist die Verwaltungsstelle des Instituts; sie hat ihren Sitz in Berlin. Ihr stehen ein oder mehrere vom Vorstand zu bestellende Geschäftsführer vor. Der engere Vorstand trifft die nötigen Vereinbarungen über die Anstellung der Geschäftsführer.

Die Geschäftsführer besorgen die Geschäfte des Instituts; sie haben nach den vom Vorstand bestimmten Richtlinien tätig zu sein. An den Sitzungen des Vorstandes, des Hauptausschusses, der Hauptversammlung, der Ausschüsse und der Bezirksgruppenversammlungen nehmen die Geschäftsführer mit beratender Stimme teil.

VI. Ehrenverfahren.

§ 19. Ein Mitglied, welches die Berufspflichten verletzt, gegen die Standesehre verstößt oder sich innerhalb oder außerhalb der Ausübung des Berufs eines unwürdigen Verhaltens, insbesondere des unlauteren Wettbewerbes schuldig macht, wird ehrengerichtlich bestraft. Die Wirtschaftsprüfungsgesellschaften unterliegen gleichfalls dem Ehrenverfahren.

Die ehrengerichtlichen Strafen sind:

1. Warnung,
2. Verweis,
3. Geldstrafe bis 1000 RM.,
4. Ausschluß aus dem Institut[2].

Die ehrengerichtlichen Strafen zu 2. und 3., ferner 3. und 4. können miteinander verbunden werden.

§ 20. Für das ehrengerichtliche Verfahren werden Ehrenräte und ein Ehrengericht gebildet.

Die Ehrenräte werden bei jeder Bezirksgruppe gebildet. Sie bestehen aus 2 Mitgliedern, welche natürliche Personen sein müssen und einem amtierenden Richter, der vom zuständigen Landgerichtspräsidenten vorgeschlagen ist.

Die vorstehenden Mitglieder des Ehrenrates, außerdem 2 Ersatzmitglieder und 1 Ersatzrichter werden von der Bezirksgruppenversammlung gewählt. Den Vorsitzenden des Ehrenrates ernennt der engere Vorstand. Der engere Vorstand kann beauftragte Zuhörer zu den Sitzungen des Ehrenrates entsenden.

[1] Diese Bestimmungen werden voraussichtlich nach Einrichtung der Zwangsmitgliedschaft einer Nachprüfung zu unterziehen sein.

[2] Vgl. II Anm. 2—4.

Gegen die Entscheidung des Ehrenrates kann innerhalb einer Frist von 4 Wochen nach Maßgabe der Verfahrensordnung Berufung beim Ehrengericht eingelegt werden.

Das Ehrengericht hat seinen ständigen Sitz am Orte der Geschäftsstelle.

Das Ehrengericht wird aus 4 Mitgliedern und einem vom Kammergerichtspräsidenten vorzuschlagenden amtierenden Richter gebildet. Hiervon ernennt der engere Vorstand den Vorsitzenden des Ehrengerichts und einen Ersatzehrenrichter. Die weiteren 4 Ehrenrichter und 4 Ersatzehrenrichter sind vom Hauptausschuß zu wählen. Ein Ehrenrichter und ein Ersatzehrenrichter müssen dem Kuratorium oder der Hauptstelle für die öffentlich bestellten Wirtschaftsprüfer angehören und dürfen nicht Berufsangehörige sein. Die Amtsdauer der Ehrenrichter beträgt 3 Geschäftsjahre.

§ 21. Die Einleitung des Ehrenverfahrens und das Verfahren im Ehrenrat und Ehrengericht werden durch eine besondere Verfahrensordnung geregelt. Diese Verfahrensordnung wird von dem Vorstand des Instituts aufgestellt.

Der Ehrenrat und das Ehrengericht entscheiden auch darüber, wem die Kosten des Ehrenverfahrens aufzuerlegen sind. Jedes Mitglied kann gegen Hinterlegung eines vom Vorsitzenden festzusetzenden Kostenvorschusses die Durchführung des Ehrenverfahrens gegen sich selbst beantragen.

§ 22. Über eine ehrengerichtliche Bestrafung eines Mitgliedes gemäß § 19 Ziffer 2 bis 4 ist die zuständige Zulassungs- und Prüfungsstelle und die Hauptstelle für die öffentlich bestellten Wirtschaftsprüfer zu unterrichten.

Der Vorstand ist ermächtigt, Vorschriften zur Anpassung des Ehrenverfahrens an das Widerrufsverfahren der Zulassungs- und Prüfungsstellen zu erlassen.

VII. Revisoren.

§ 23. Die Buch- und Kassenführung sowie der Jahresabschluß des Instituts sind von 3 Revisoren zu prüfen. Die Revisoren haben den Prüfungsbefund dem Vorstand schriftlich mitzuteilen und in der Hauptversammlung über das Ergebnis der Prüfung zu berichten.

Die Revisoren werden von der Hauptversammlung auf 3 Jahre gewählt. Sie dürfen nicht Mitglieder des Vorstandes oder des Hauptausschusses sein. Jedes Jahr scheidet ein Revisor aus. Wiederwahl ist zulässig.

VIII. Auflösung des Instituts.

§ 24. Die Auflösung des Instituts erfolgt nur, wenn die Hauptversammlung es mit $\frac{3}{4}$ Stimmen der gesamten Mitglieder beschließt. Die Liquidation geschieht durch vom Vorstand zu bestellende Liquidatoren. Über die Verwendung eines etwa verbleibenden Vermögens beschließt die Hauptversammlung.

IX. Übergangsbestimmungen.

§ 25. Die neuen Satzungen treten sofort in Kraft.

Die bisherigen Mitglieder müssen bis zum 1. Januar 1933 die öffentliche Bestellung zum Wirtschaftsprüfer erwirken.

Die erste Vorstandswahl auf Grund der Satzungsänderung erfolgt durch den auf Grund der früheren Satzungen gebildeten Hauptausschuß.

Neuwahl des Vorstandes durch die erste ordentliche Mitgliederversammlung findet im Geschäftsjahr 1933 statt.

Bis zur Konstituierung des Hauptausschusses übt der Vorstand auch die Befugnisse des Hauptausschusses aus.

Der Vorstand ist ermächtigt, etwaige vom Registerrichter verlangte redaktionelle Änderungen der Satzungen vorzunehmen.

GPSR Compliance

The European Union's (EU) General Product Safety Regulation (GPSR) is a set of rules that requires consumer products to be safe and our obligations to ensure this.

If you have any concerns about our products, you can contact us on ProductSafety@springernature.com

In case Publisher is established outside the EU, the EU authorized representative is:

Springer Nature Customer Service Center GmbH
Europaplatz 3
69115 Heidelberg, Germany

Batch number: 10844827

Printed by Printforce, the Netherlands